新聞のある町

地域ジャーナリズムの研究

四方 洋

清水弘文堂書房

もくじ

装幀　深浦一将

巻頭インタビュー

地域紙は生き残れるか ―― 東海新報社長 鈴木英彦さん

巻頭で東海新報（本社・大船渡市）の鈴木英彦社長との対談をお届けする。
3・11東日本大震災で激減した部数をかなり回復し、サイドビジネスにも意欲を燃やしている。結論は「地域紙には特別な役割があり、ふえることはないが残る」というものであった。

四方 3・11の大津波では（社屋は）大丈夫だったとのことですが、高台に移転していたのは先見の明がありましたね。

鈴木 いや、土地が安かったので移っただけですよ。昔は海岸から百メートルくらいのところで、完全に水没していました。（移った）当時は山の中でした。以前は駐車場が取れなくて困ったのですが、いまは広いので車で来やすい。

四方 かえって来客はふえますね。社員も車で通勤できますでしょうし。中心部から離れてよかったという地域紙はいくつかあります。大震災で人口減は？

鈴木 中心街は全滅しましたし、エリア内二万二千世帯のうち、三十％は減

四方　りました。人口は一万人くらい少なくなったと思います。

鈴木　新聞の部数減は厳しかったでしょうね。

四方　一万七千部ありましたが、八千くらいになりました。四年たってやっと一万四千部くらいに戻ってきました。

鈴木　よくぞそこまで、と思いますよ。回復するのに特別のことをやった？

四方　とってくれる人はとってくれた感じで、特別のことはしていません。うちは以前から拡張はやっていませんから。地域の情報を得るのにうちの新聞しかなかったということでしょう。

鈴木　3・11の当日から、取材や発行はできたのですか。

四方　あの日はパソコンで製作して、コピーで二千部刷り、号外で出しました。次の日からは印刷して出せました。

鈴木　停電の影響はなかったのですか。

四方　以前のチリ地震津波の教訓から発電機を備えていたので、それで電気は供給できました。三月いっぱいは無料で配布しました。

鈴木　それは備えがよかった。情報不足の中、新聞は歓迎されたでしょうね。

四方　しばらくは人の名前ばかりです。避難所に市が張り出す生存者の名簿を写真でとって、パソコンで打って紙面化した。わからないのは伏字のままで。とにかく安否確認を早く届けようと。

鈴木　避難所にも張り出したり、各戸に配ったりしたのですね。

鈴木　もう奪い合いでした。改めて紙媒体の価値を見直しました。

四方　まさに地域紙しかできない紙面ですね。役割は大きかったと思います。

鈴木　四月からは有料に戻しましたが、部数はほぼ半減からのスタートでした。

四方　販売は専売ですか。

鈴木　全国紙や県紙のお店にお願いしています。合売ですね。四月からは題字を横にして内容も前向きなものを心がけましたね。

四方　もちろん、悲しい現実はなくならないでしょうが、復旧、復興の動きにペースをあわせていった。

鈴木　写真もカラーをふやしました。昨年の暮れから八ページのうち六ページはカラー化しました。（写真を）「ほしい」という人がふえましたね。有料で要望に応えています。

四方　活字は衰退する、「地域紙の将来はない」という人もいます。大震災からいままで振り返って改めて思うことはありますか。

鈴木　地域紙は残ると思えるようになりました。購読が戻ってきたのも、あの大変な時に地域の情報の大切さを感じた人が多かったからです。

四方　テレビや全国紙などではカバーできない情報を提供している。インターネットにも出ていないニュースを届けているのは強みです。

鈴木　創業者であるおやじ（正雄さん）は「田舎まんじゅうの味」といっていました。高級菓子ではなくってね。立派なことはいわない。社説はありません。

四方　「世迷言《よまいごと》」というコラムがありますね。これは社長の執筆で。

鈴木　休まず書いていますね。社論は主張しませんが、個人としては意見や提案を申し上げています。考え方？　保守的です（笑）。

四方　お父さんが新聞を創刊されるについてはきっかけがあったのでしょうか。

鈴木　旧満州からの引き揚げ者で、日本で河北新報や岩手新報の記者をしていたようですが、その経験を生かそうとしたのでしょう。千七百部くらいでしたから、苦労したと思いますよ。

四方　引き揚げのときは三歳ですか。息子も苦労したでしょう。

鈴木　あのひもじい思いは忘れません。引き揚げの辛かったことは、三歳だったのによく覚えています。

四方　鈴木さんがお父さんの会社に入って、以降（部数は）のびてきた。

鈴木　昭和四十二年に入りましたが、痛感したのは新聞で偉そうなことを書いてもお金が入ってこないとダメ、という現実です。

四方　経営がしっかりしないと、主張もできないし、深い取材もできない。毎日新聞の経営危機のとき、人事第二（労務）部長をやって思い知らされました。

鈴木　広告は無料でのせたりしていました。活版で活字を組んで掲載しているだけ。これではお金もいただけない。デザインを考えてきれいに仕上げました。

四方　報道ではなにか工夫しましたか。

鈴木　とにかく名前の数をのせること。自分の名前や写真がのると興味を持っていただける。極力、名前をのせるように努力しましたね。

四方　政治的にはやりにくいことも出てくると思いますが。

鈴木　どちらかの側にはつかない。一切かかわらないという公明正大の立場を貫きました。

四方　地域紙は地元の実力者が大株主だったりして、影響を受けるケースがある。公明正大と言葉でいえても、難しいところがあります。

鈴木　おやじは経済的に自立することが絶対に必要と考えていたのか、自分たちの資金でやり抜きました。それがよかったと思います。おかげで地元の人たちにも信用していただけた。

四方　自立、信用の二重の意味でいいスタートを切った。日本も人口減少期に入っています。地方ではこの流れを食い止められません。地域紙はどうしたらいいのでしょうか。

鈴木　地域紙は生き残れると信じています。アメリカの大投資家ウォーレン・バフェットが、コミュニティペーパー六十数紙を買ったというじゃありませんか。彼は地域紙に可能性を見ているのだと思いますよ。

四方　ピューリッツァー賞の受賞者を見ても地域紙は報道でがんばっています。

鈴木　ただふやすのはムリです。いまの部数以上に持っていくのは不可能です。

四方　エリアを新しく広げるのはできませんか。

鈴木　この地域ではムリですね。隣は宮城県ですし、二市一町を守る他ありません。サイドビジネスを考えていくことだと思っています。

四方　例えばどんなことができますか。

鈴木　いま話題のドローンを使って、航空写真のサービスをしています。紙面で使うのはもちろんですが、復興の事業で建設予定地や計画立案のために需要はあります。イベントや人文字の撮影などにも活躍しています。商売として伸びると確信しています。

四方　入ってきたときに三台並んでいましたね。

鈴木　操作には二人必要ですね。担当者を育成するのは難しくありません。

四方　二年前に気仙沼に行きました。今回は車で一ノ関から気仙沼、陸前高田を走ってきたのですが、平地のまま残っているところが目に付きました。

鈴木　陸前高田は遅れています。中心の商店街がほとんど消失したからですが、かさ上げして高台に家を建てる方針です。それは正しい方向だと思いますが、基礎ができ上がるまで三年はかかる。住民にしたら待てないのですよ。待てないで他所へ移ってしまう。

四方　高齢者が多いでしょうから、その気持ちはわかります。かといって、みんなの意見をまとめるには時間をかけて議論するのが必要でしょうし、ジレンマがありますね。

鈴木　結局、国の意向で押し切られて、地元の自治体がうまくかかわっていない。

四方　仮設の飲食街でも「期限はいつまでといわれても、移る当てはない」という声をききました。仮設から自分の家に移るのはまだ先のようです。

鈴木　小、中学校のグラウンドには、まだ仮設住宅が建ったままです。運動部は使えません。共同利用の新しいグラウンドを作っていますが、交代ですから、みっちり練習できないのです。

四方　地域紙として、どちらかに意見をまとめて、強力に政策を実行するようなキャンペーンはできませんか。

鈴木　現状を正しく書くだけです。社説はないので、社論としては打ち出しませんが、ただ私のコラムで持論を書いています。先日も未来の都市計画について具体的に提案したのですが……。

四方　なにか（提案を受けて）動きはありましたか。

鈴木　反応してくれません（笑）。

四方　地域紙があることによって、地域の受けるメリットについて、どう考えますか。

鈴木　地域紙を持たない市の首長さんから「羨ましい」といわれたことがあります。行政のやることが、早くくわしく広く伝わるという利点はありますね。

四方　行政との緊張感が、プラスだと思いますよ。透明性が進むし、行政のレベルはあがる上、住民の関心は高まる。共同体としての団結心も深まるのではないでしょうか。

鈴木　大船渡の場合も二年前、コミュニティーFM創設のNPOをつくりましたが、地元の企業は快く理事になってくれました。こういうときのまとまりには、共同体としてのつながりがよくできているからと感じますね。

四方　そういう雰囲気を地域紙が醸成してきたと思いたい。3・11で石巻や気仙沼、大船渡など地域紙が活躍し、そのあと大槌《おおづち》町で新しく発行され、釜石でも復興釜石新聞から新しい釜石新聞が誕生した。災害に備えるために必要なものだといいたいですね。

鈴木　大震災では住民の方々に強く存在を認識されたと思います。それが部数の回復につながりました。なにも働きかけないのに購読申込が相次いだのですから。

四方　四月の統一地方選挙では投票率の低さや無投票の多さが問題になりました。新潟県三条市では市議選の無投票阻止のために八十代の二人が立候補、一人が当選しましたが、参加意識を高めるには地域紙の存在が大きいですよ。

鈴木　六月には電子版を出すつもりです。やれることはやっていきます。

四方　ありがとうございました。

（二〇一五年四月　東海新報社　社長室にて）

東海新報【とうかいしんぽう】

昭和三十三年十二月創刊。エリアは大船渡市、陸前高田市と住田町。
朝刊のみ発行、ブランケット判八ページ、一万四千部発行、月二〇五七円（郵送二二六〇円）。
創業者は鈴木正雄さんで、鈴木英彦さんは二代目。七十二歳。

NEWSPAPER 01

三陸新報

【さんりくしんぽう】
宮城県気仙沼市／南三陸町
一九四六年十月十七日創刊
月額購読料：一千八百円

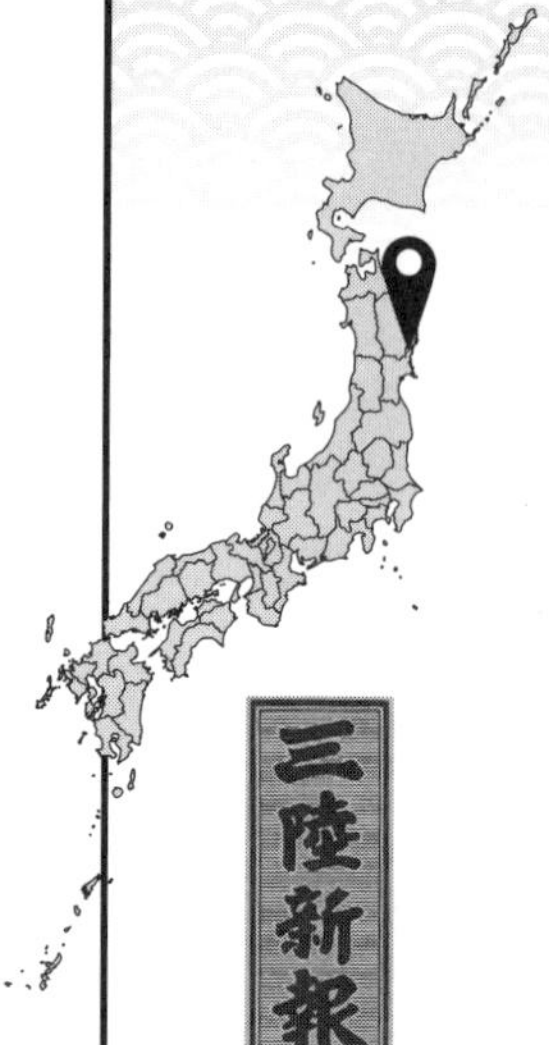

『リベラルタイム』2013年1月号掲載

東日本大震災で大きな被害を受けた気仙沼市。被災しながらも、震災翌日も、新聞を発行した。以降、情報に対する価値観が変化しているという。

ブロック紙でもない、県紙でもない。市町村単位の地域に根づき、高いシェアを保っている新聞がある。最初に興ったのは明治初期、自由民権の旗を掲げて。太平洋戦争直前には軍部によって統合され、戦後、民主主義のかけ声に乗って復活。いま集落の崩壊、ＩＴ化、活字離れ等の波を受けて、孤軍奮闘しているのではないか。

当初、この連載は「地域紙巡礼」にしようと考えた。草の根のジャーナリズムに分け入りながら、励ましと祈りの旅をはじめたい。第一回は三・一一の被災地からである。

宮城県気仙沼市。東日本大震災では最高二〇・九九mの津波が押し寄せ、その夜、湾は炎に包まれた。死者一千三十八人、行方不明二百五十九人（二〇一二年九月九日現在）。一二年十月末、車で市内を走ったが、復興にはほど遠い。ここに、世帯に対するシェア八五%を誇った「三陸新報」がある。エリアは気仙沼市と南三陸町。創刊は一九四六年十月である。

丘を上がって木々に囲まれた三階建ての社屋。玄関前に創始者・浅倉橘男《きつお》さんの像がある。おだやかで、柔和な人柄が読みとれる顔である。応対してくれたのは、橘男さんの長女で社長の浅倉眞理さん、二女で専務の渡邊眞紀さん。橘男さんが口ぐせでいっていたのは「社は我が家なり」。仕事には厳しい人だったが、社員とは家族と同じように接した。

創業者の長女で社長の浅倉眞理さん（右）と、二女で専務の渡邊眞紀さん（左）

銅像から感じた印象は間違っていなかったようだ。

橘男さんは明治大学に進んだが、中退して気仙沼に戻り、三三年「三陸新報」に入る。編集長をしていたが、中国へ慰問に出かけて不在の間に、「河北民報」(宮城県仙台市)に吸収されて新聞はなくなった。当時、軍は一県一紙の方針を定め、強引に統合を進めた。四一年十一月のこと、太平洋戦争開戦の一カ月前である。

終戦後、橘男さんは「三陸新報」の題字を継いで復刊する。復刊の辞では「思へば昭和十六年東條軍閥内閣のため言論報道の自由を奪はれ廃刊を強制されてから正に六年、いま泪といかりの谷底から立上った」とうたう。戦後の解放感は「真実、公正、友愛、自由」の旗印にも表れている。友愛が入っているところに人柄がうかがえる。地域での人間関係を何より大事にする人であった。

新聞発行でもっとも苦労したのは紙の確保である。八六年十月に刊行された『社史　三陸新報の50年』では、記者の一人が、タブロイド判で創刊すると決定したのを、〈タブロイド判というのは普通の新聞一ページをちょうど二つに折った大きさ。新聞社にとって用紙は食糧と同じ命の綱であり、物資欠乏のなかでも紙不足が日増しに深刻化していた当時、大きさを半分にして少しでも食いのばそうというわけであった〉(小畑恵陸)と書いている。

震災翌日も二百部を印刷

一一年三月十一日午後二時四十六分。記者十三人の大半は現場にいた。市役所や警察署等にいたし、営業担当者も販売店や広告主のところをまわっていた。その瞬間を『巨震激流』（一一年七月刊）は描写している。〈南三陸町議会定例会最終日。佐藤仁町長が閉会のあいさつを述べていた。（中略）役場が激しく揺れ始めた。（中略）防災対策庁舎は、どんな災害にも耐えられるように設計された三階建ての建物。「ここにいれば大丈夫」。この時はそう思った。次の瞬間「六ｍの津波が来るってぞ！」と誰かが叫んだ。「本当ならここも危険だ」。本能的に身体が動き、咄嗟《とっさ》にその場を離れた〉（「その時記者は…」小野寺徹）

記者は車に乗って志津川中学校を目指し、避難する。ここで志津川の市街地が水没するのを見る。会社は丘の上にあったので津波は来なかったが、輪転機は地震でずれてしまい動かない。電気も水も止まってしまい、新聞印刷はストップ。その夜から、社長も専務も四十日以上、会社に泊まり込む事態になった。

三月十二日、車のバッテリーをプリンターの電源にして、A四判二百部を印刷。この学校は避難所になっているはずだ、と当てをつけて、廊下や壁に新聞を貼っていった。その日は、新聞を貼っても反応はなかった。誰もがぼう然として、情報に対する興味すら示さなかった。

同十三日は三百部に増やし、社員が車に乗り合って避難所に運んだ。十三日になると「三陸さんかい」と声がかかり「読もうよ、読もうよ」と人が集まった。当初の情報は、全体の状況を知らせるもの。「みんなでがんばろう」と呼びかけた。同十四日、電気が通ってA三判両面印刷の新聞を出した。避難所と人名を記した安否情報がほとんど、三日間続けて貼っていった。次いで亡くなった人を載せ、やがてスーパーや銀行の「開いてます」情報。この取材には、専務以下六人の女性社員が活躍した。足で歩いて確かめてくる生活情報である。輪転機が動き始め、ブランケット判(※)を印刷。戸別配達ができたのは四月一日から。広告は三月二十四日から出稿されるようになっていた。

活字やニュースに対する住民の思いは強かった。新聞を運んでいる途中、停まっている社の車をめがけて、車から手が出る。「三陸さん、見せて」。「事故になりますから」と断っても、新聞を求める手、手。

当時、市に一千部を提供し、配給車が避難所に届けた。それでも情報の抜けている地域があった。眞理さんは反省をこめて話す。ある山間部に住んでいる読者から「(震災翌日の)十二日から新聞が届いていない。山をおりて初めて、被害の様子を知りました」といわれた。自宅にいた人は、しばらく被害の大きさを聞かされず、何が起きたかを把握できなかった。眞理さんは「そこまで情報を届けられなかった」ことに胸を痛める。

※ブランケット判=一般的な新聞のサイズ

求人に「効果ありません」と

震災前、シェアは八五%だったが、一年七カ月たった一二年十月の段階で、部数は八〇%まで戻った。ただ、人口は気仙沼市で約五千人減り、六万九千人である。気仙沼は平地が海岸線にそって続き、背後に山地が迫っている。津波は平地の全てを覆いつくした。

復興を語る場合、理くつは住民の高台移転の方向だが、まだ具体的に進捗している地区はない。唐桑町大沢地区は高台移転を決めたが、具体的に建設まで進んではいない。いっしょに仮設住宅に入っている地区は、高台移転が決定すれば建設が進むだろうが、住民がバラバラになって、「どこに誰がいるか」自治会がつかめない状況らしい。

一二年十月二十六日付五面のトップ「自治会活動がピンチ」の記事。気仙沼市が自治会、振興会に向けたアンケート調査によると「二百十九組織のうち、半数以上が解散や縮小を検討している」という。住民が散り散りになった、集会所が使えない等の理由で、会費の徴収もできない。大震災後、絆の大切さが叫ばれたが、被災地では絆を保つ組織である、自治会が危機に立たされている。人と人とのつながりが崩れつつあるのを、止め切れていないのだ。

一二年十月二十五日付一面トップは、「深刻　再建企業で人手不足」「求人出すも集まらず」であった。眞理さんはこの記事を示しながら「求人広告を載せていただくのですが、広告主から『三陸さん、効果がありませんよ』といわれます」と嘆く。かつてはシェアの高さから広告効果の高い媒体だったが、求人に関しては記事の通りなのだ。

サブ見出しには「がれき処理など高賃金へ」とある。地元企業が合同で開く面接会に人が集まらない。二十四日に開いた面接会には二十社が参加し、求人数は二百九人分だったが、求職者はたったの三十九人。二割に満たなかった。南三陸町の水産加工会社の人事担当者は「賃金の高いがれき処理関連等、一時的な仕事を望む人が多い」と話している。東京では、なかなかわからない被災地の素顔である。福島では原発の問題があって、除染等に、より高い賃金が払われ、そちらに人が流れているのだろう。復興がはかどらないのは、予算がつかないのでも、役所が動かないのでもなく、人が集まらないのが大きな理由だ。

どうしたらいいのか、短期間、滞在しただけの身には思いつかないが、自治会の件といい、人手不足といい、東京で考えているような単純な話で片づくものではない。全国紙の記者やテレビのコメンテーターは、現地に入って本当の姿に迫るべきだ、といいたい。復興はストレートに進んでいない。ストレートに進むほど簡単な構造でもない。ジグザグして複雑だ。「三陸新報」の何号分かを読むだけで、困難さは伝わってくる。

三陸新報が発行した『巨震激流』（左）と、『故郷永久』（右）

京都の郷土紙とつながる

郷土紙同士の交流が実ったエピソードを紹介したい。気仙沼大島は、市街地から船で二十五分の島だが、大津波で「みちびき地蔵」とお堂が流された。島の観光協会では、復興のシンボルとして元の姿に戻したいと考えた。絵本の制作、販売で資金のメドはついたが、お堂を建てる宮大工がいない。途方に暮れていたが、絵本を手がけた渡邊専務が、地域紙の交流会で面識のあった京都府綾部市の「あやべ市民新聞」のことを思い出した。「京都なら宮大工さんも見つかるだろう」と「あやべ市民新聞」の社長に電話したら「まかせなさい」との返事。注文通りに綾部でつくっただけでなく、市民に呼びかけて約百五十七万円の献金がついた。でき上がったお堂はトラックで島まで運ばれ、落成式には綾部から代表者が参列した。二つの郷土紙と二つの市は、がっちりと結ばれた。地域住民と身近な紙面だからこそ、とり結べた縁である。

三・一一以後、「三陸新報」は変わっただろうか。浅倉社長は「社員には、取材する身なんだから、取材される場合は遠慮するように、といっていました。それがジャーナリストのあり方と考えていましたが、これも吹っ飛びましたね。記者達が各地に出向いて、今回の体験を話しています。マスコミの取材も増えました」と話す。新聞は住民の思いを伝えるだけでなく、積極的に自らを語るようになった。

個人情報を守るといっても、助け合わねば生きられない時、そのお題目はいかに無力かを感じた。編集局長の小野寺英彦さんは『日本記者クラブ会報九月十日号』の「被災地通信」で「復旧はこれからで、復興はその先にある」と書く。現場に立ってみて「その通り」と思う。まだ何も進んでいない。どこに立っても新しいものが展望できない。夜、復興屋台村「気仙沼横丁」には、盆踊り広場のように提灯がついた。居酒屋で食べたサンマはさすがにおいしかった。だが、この横丁がいつまで続くのか、先を考えると心地よく酔える話ではなかった。

NEWSPAPER 02

八重山毎日新聞

【やえやままいにちしんぶん】
沖縄県八重山列島
一九五〇年三月十五日創刊
月額購読料金：一千七百五十円

八重山毎日新聞
THE YAEYAMA MAINICHI SHIMBUN

『リベラルタイム』2013年2月号掲載

市内に尖閣諸島を含む、沖縄・石垣市。
そこに根付く新聞は、「不偏不党」の姿勢を貫き、
領土問題に対しても、常に冷静だ。

第二回は沖縄・石垣市の八重山毎日新聞である。この新聞を選んだ理由は、日本最南西端の日刊紙であること、六十年を超す歴史があり、日本新聞協会に加盟していること、それと尖閣諸島を含んでいること。市が編んでいる『石垣島の風景と歴史』には「石垣市は、日本の最西端に位置する八重山諸島の主島・石垣島と、その周辺の小島および尖閣諸島からなっています」と明記してある。日本の領土問題の最前線にあって、緊張が続いているのではないか。

尖閣問題には中立で冷静に

社長の仲間清隆さん、編集長の黒島安隆さんに会った。尖閣問題に対する考えを聞いたが、答は拍子抜けするものだった。

「時事通信社と特約しているので、中国の船が接近しているとか、ニュースはフォローしていますが、姿勢は中立で、冷静に扱っています」

例えば、昨年十一月十三日、石垣市の中山義隆市長と経済団体、漁業協同組合の代表者等、十一人が台湾を訪問した。本土のテレビ局は「尖閣でこじらせた関係改善のため」と、その目的を報じたが、八重山毎日に載っている記事には「尖閣」の文字はない。翌十四日付一面の二番手、四段見出し「チャーター、定期便就航を　台湾訪問団が要請へ」。石垣

社長の仲間清隆さん（左）と、編集長の黒島安隆さん（右）

市は台湾の蘇澳鎮《すおうちん》と姉妹都市提携をしており、まず同市を訪ねてチャーター便や定期便の就航を要請、漁業者たちと漁業のルールづくりの話し合いをしたいという内容。この記事に続いて「中国公船25日連続」と「尖閣・竹島『現状維持を』米元高官」の一段ものがくっついているものの、深刻なムードではないようだ。

石垣市では、今年三月に新空港が開港する。滑走路が二〇〇〇mに延び、オーバーランの心配もなくなり、観光客誘致を打ち出して、お客さんの拡大を図ろうとの魂胆だ。編集長によると「台湾は飛行機で一時間、チャーター便が週三回は飛んでおり、当たり前のように往来してますよ」と、訪問は特別なことではないと強調する。最前線の島には、年間約七十万人も観光客がやって来る。八重山には米軍基地もなく、穏やかに暮らしてきた。どこの国の人とも仲よくするのが、性来備わっている気質だ。

二人は「尖閣に上陸しようとする人はここを基地にしたし、海上保安部の出入りも多くなっていますが、地元はつとめて平静に受け止めています」。「特集を組まないのですか」と問うと「特別なことはしません。ただここは投稿する人の多い土地柄です。読者の意見は公正にのせています」という。

昨年十一月十五日付の一面トップは「海外旅行社が相次ぎ視察　新空港開港でグローバル化」、二番手には「香港の旅行社が視察」であり、社会面を開くと「中国航空4社　石垣に熱い視線　新空港などを視察」の四段見出し。中国の視察団からは「沖縄本島でショッピングを楽しんだあと、石垣島でホテルに滞在し、休息して帰るコースもいいのではないか」との提案があったと報じている。東京のメディアから伝わってくる危機感とは違う。いままでと同様に「コトを荒立てないでほしい」が島の人たちの思いのようだ。

「不偏不党」の精神

八重山毎日新聞の創刊は一九五〇年。はじめは「南琉日日新聞」と名乗り、二年足らずで「八重山毎日新聞」に改題した。創刊号には「八重山列島軍政官マシュー・L・クラブトリ」や「八重山知事吉野高善」のお祝いの名刺広告がのっている。軍政時代の空気が紙面に出ている。

当時は、地域新聞が雨後のタケノコのごとく発行された。米軍の奨励があったかもしれないが、政争が激しく、自陣営の候補を応援する新聞を出して勢力を競った。次第に淘汰されて、気づいたら八重山毎日一紙に。仲間さんは「政治的には中立を心がけた。政治家を書く時はA氏に十行、B氏に十行……ときびしくした」と振り返る。

創刊の中心メンバーだった村山秀雄さん（三代目社長）は、数ある新聞に愛想をつかし、「不偏不党の精神」を信念とした。二〇〇〇年に発刊された同社の五十年史では「（この信念が）読者の信頼を得て政党色の強い他紙が次々と廃刊していく中で新聞が生き残れたとも言える」（「村山秀雄評伝」大田静男）と記している。

順調にきた八重山毎日が、七七年、脅威にさらされる。同紙の創刊メンバーの一人で、県紙の社会部長をつとめた人が八重山日報を創刊。以来、二紙が並び立って現在まできている。日航ホテルのロビーに新聞が二紙ずつ、きちんとそろえてあった。読売新聞と日本経済新聞、沖縄タイムスと琉球新報、八重山毎日と八重山日報。いずれも日刊だが、部数は地域におりてくるほど多い。

全国紙は、海上保安庁をはじめ国の出先機関の人等で約五百部、県紙は二千部程度と聞いた。八重山毎日は公称一万六千部、八〇％くらいの世帯占有率だろうか。二つの郷土紙の競合はプラスをもたらした、と黒島さんはいう。社史編さん当時の渡嘉敷信介専務は「相手が洗練された斬新な紙面を打ち出してきたので、『本紙の改革』といえるほど思わぬ効果を生み出した」と評価している。緊張感が生み出され、あぐらをかくことがなかったと。現在まで継続したのは、それが一因といえるかもしれぬ。

石垣市の人口は約四万八千。八〇年の約四万一千人から増加のカーブを示してきたが、この二年は減り気味である。風光に魅せられて本土からの移住が増えたが、不景気で撤退する人も目につくようになった。

独特の「お葬式広告」

沖縄の新聞を見てびっくりするのは、お葬式広告の多さ、派手さ、丁寧さである。作家の陳舜臣さんは『沖縄の歴史と旅』の中で「沖縄の新聞社の最大の収入源は、死亡広告なのだそうだ」と書き、人のつながりの濃さを社会の温かさと受け止めているし、舟越健之輔著『黒枠広告物語』も「沖縄を旅行したとき地元の新聞を手にして、黒枠広告（死亡広告のこと）が暮らしに占める大きさに、思わず『すごい』とうなってしまった」と書く。

県紙にしても、郷土紙にしても同様である。数が多いし、一件一件の内容に仰天する。例えば昨年十一月八日付、七十七歳で亡くなった男性。喪主の妻にはじまり、長女から四女までの家族、兄弟の家族、孫はもちろんのこと甥姪、いとこ、親せき、友人等、五十二人の名前が並び、さらに老人クラブ会長、公民館館長の名前が連なる。別枠で関連会社の社名、代表者、一九三六年生まれの同窓生会、三女が役員をしている会社の社名と代表者、社員一同、四女と同年生まれの同窓生一同とつながり、ほぼ一段分を占める。

このパターンは珍しくなく、ごく普通と考えてよい。超高齢者の場合は、係累が多いから、連なる名前はさらに拡大する。社会的地位に比例するわけではない。舟越さんも「いつしか『家族とはどういうものか』に思いをめぐらせる」としめくくっている。みんなで助け合っている地域だから、一人の隣人の死をいたむ気持ちを寄せ合う。八重山毎日では月二回の休刊日があるが、読者はこの日を織り込んで葬式の日取りを決める。新聞の広告を見て、多くの人が葬式に来てくれる。

身寄りのない人には特に力の入ることがある。香典が安いというのもあるが、長寿者では二千人の参列はザラである。一般的に離島では葬式は盛大だが、奄美大島では道行く人にも酒食を振る舞うと聞いた。死者と面識がなくても、にぎやかに送るのが供養であると。石垣ではそこまではしないが、重要な暮らしの構成要素であり続けている。

個人情報はドンドン出す

死者を弔う気持ちの篤い島々では、長寿を祝う行事も盛んである。長寿にともなって血縁のすそ野が広がり、子孫の枝が分かれていく。繋がるほど目出度いという気持ちを、家族だけでなく地域で祝う。

沖縄がまだ失っていないぬくもりは、紙面でも表現していた。石垣では八十五歳になった時、生年祝い《ショーニンヨイ》を行って寿ぐしきたりがある。名前を紙面に出し、お祝いの気持ちを伝えてきた。これが個人情報保護法の制定でやめになった。市役所が名簿を出さなくなったからである。

他にも、個人名を出すことが困難になった催しはいくつかある。前回の「三陸新報」の取材の際、「個人情報くそくらえ」の言葉を聞いたが、この法律は人のつながりを薄めて、無にしていく。「ならじ！」と、八重山毎日では毎週木曜日に「週刊オーライ」のページを設け、編集の目で、活躍する人を発掘し紹介している。紙面に何人の地元民の名前がのるか、を勝負にしている郷土紙にとって、「ガンガン」個人情報を拾い上げていく他ないのだろう。

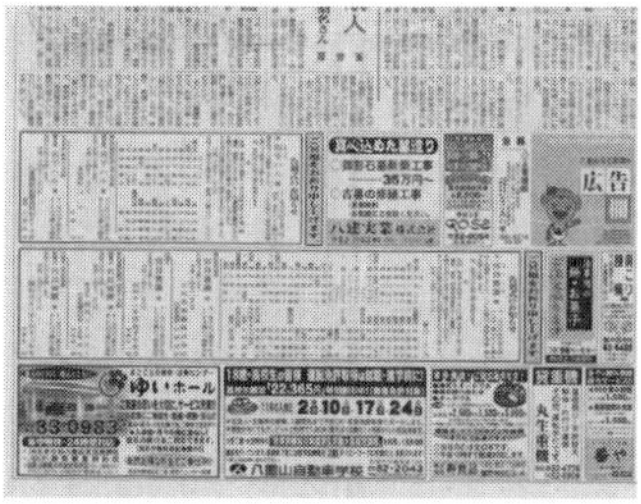
告別式の日時と自宅の場所に続いて、近親者の名前が並ぶ

昨年十一月二十日、港から船で竹富島に渡った。十分で着く至近の島である。島にはレンタカーもないし、タクシーもない。フェリーで車を持っていくこともできない。集落と港をつなぐのはバスで、通りをまわるのは水牛車で、あとはレンタルの自転車。空の青と白い道と両脇の緑、三色の図柄をゆったりと進む。聞けば、道は珊瑚礁の上に海浜の白砂を敷きつめ、住民が早朝に掃除して、ほうきで目をつけるという。家々は赤い瓦を使い、高さ制限を厳しく守っている。かくして島の原風景が守られており、客は時を忘れて、しばし生命の洗濯をするのだ。

インタビューしている時も、社論として「開発優先」には反対だという静かな言葉を頻繁に聞いた。声高に論を立てたりはしないが、住民の意志が表面化した時、丁寧に、強固にあと押ししていくという。過去にも、島外の資本が景観を無視して、二十階の建物を建てようとしたことがあった。それに対し、市民の反対運動が起こり、紙面で活発に取り上げて断念に持ち込んだ。海外の人たちが多数訪れるようになっても、この姿勢を崩してはいけないと考えている。

「視野は世界　視点は郷土」が社是である。ローカルで、グローバル。尖閣については、かつて「中国漁船、巡視艇と対峙　取材記者を機関銃で威圧」（一九七八年四月十三日）されることがあり、ベトナム難民が漂着したり、戦前は台湾からパイン生産者の移民を受け入れた。グローカルは領海を見つめる島の新聞が到達した軸ではないか。騒然とした尖閣周辺と東京、あくまで透明で、おだやかな眼前の海、もう少し島の心情に寄り添ってもよいと思った。

NEWSPAPER 03

市民タイムス

【しみんたいむす】
長野県松本平十八市町村
一九七一年十月一日創刊
月額購読料金：二千五十七円（朝刊のみ）

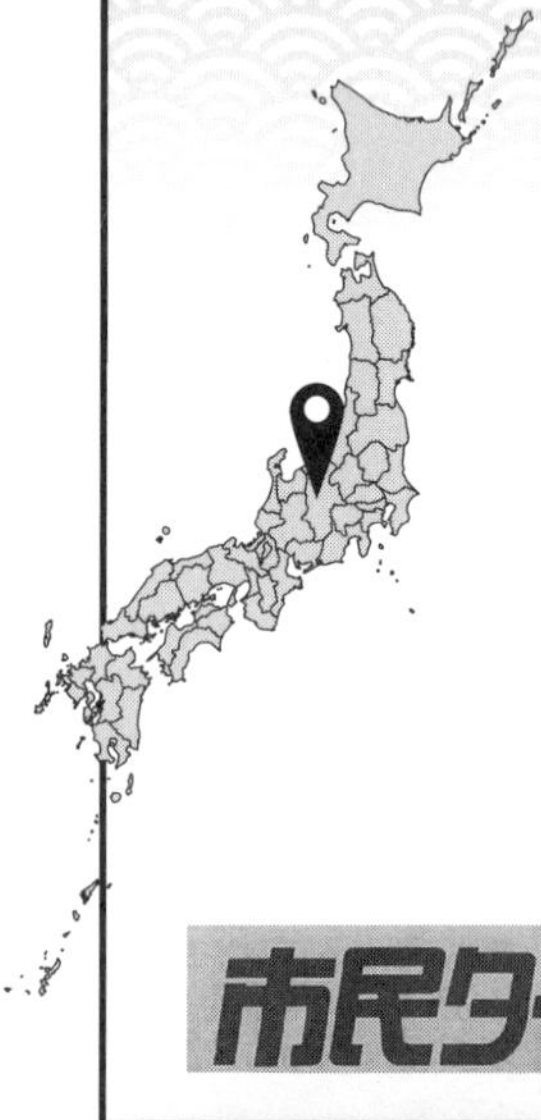

地域住民との強いつながりを持ち、生活に密着することで
全国版のニュースが入る余地のない「市民タイムス」。
紙面のサイズにも、読者との距離が見て取れた。

『リベラルタイム』2013年3月号掲載

全て地元の情報で構成

「市民タイムス」の創刊は一九七一（昭和四十六）年である。二〇一一年に四十周年を迎えた。戦後、地域新聞が熱気のうちに登場した一時期から、二十年余り遅れているが、以後の歩みは地域新聞の一典型を確立したといってよい。

創業者は新保力《しんぼちから》さん。現在に至るまで社長である。新保さんは長野県飯山市の出身、松本市には就職で縁ができ、広告会社を経営していた。折り込みの取引で新聞販売店や地元とのつきあいが深まるうち、「松本に地元の新聞がほしいね」との声が強くなった。松本には新聞ができては消えの歴史があった。一党一派に偏して公正さを欠き、長続きしなかった。結果、一紙もなくなり、新保さんらが新聞発行を考えた時「不偏不党」は絶対の条件。新保さんは「金は出すが口は出さない」と、オーナーに徹することとして踏み切った。

しかし、簡単に軌道に乗るものではない。十年たって新保さんは「市民タイムス」に常駐するようになる。経営の指揮官として乗り込んだのだ。

早々、手がけたことが二つあった。一つは松本の「人名録」の発行。群馬県の「桐生タイムス」を見学に行った時「これだ……」とひらめいた。この発行には、市長や商工会議所会頭をはじめ、市の有力者たちが推薦人として名を連ねた。結果、新聞社への信用が増した。

もう一つは、「おくやみ報道」である。エリア内で亡くなった人の、すべての名前を載せるようにした。名前だけではない。その人の生涯における業績、エピソード等を織り込んだ。人間らしい一面をつけ加えることに力を入れた。この欄はいまに至るまで続いて、例えば昨年十二月二十六日付のおくやみ面から。老衰で亡くなった九十一歳の男性。「園芸が趣味で花の栽培や盆栽作り、近くの山歩きを楽しんだ」の一行が経歴の後にくっついている。

この欄の取材は容易でなかった。記者とは別に年配者を委嘱し、専門に担当してもらった。葬儀センターと連絡をとり、家族に電話をかけて確認するとともに、エピソードを聞き出す。「○○さん亡くなったってね」「えっ、どうして知ってるの」「タイムスに載っとったよ」といった会話が住民の間で交わされ、部数は増えていったという。

新保さんは「亡くなられた方をすべて掲載するというのが（部数増の）きっかけになりました。経営が安定に向かったのです」と振り返る。県紙や全国紙の地方版が死亡記事だけの別面を組むようになったのはこの後である。「市民タイムス」が先べんをつけた、といっていいだろう。『市民タイムス四十年史』は「このきめ細やかな『おくやみ報道』は、それまで隣近所や縁故者に喪主が配布していた通知状をなくさせる等、松本地方の新たな葬儀習慣をつくった他、今日に至るセレモニー文化の醸成に寄与した」としている。

郷土紙が地域ニュースを優先するのは当然だが「市民タイムス」はテレビ欄を除き、全て自前の記者が集めた情報である。通信社とは契約せず、全国ニュースの入ってくる余地はない。

それだけでなく、地域（松本平十八市町村）を五版に分け、毎日、版域のニュースでトップを飾っている。

版ごとに一面トップが違う（月曜のみ共通）。昨年十二月二十六日付は安曇野版「新市庁舎来年4月着工」、塩尻版「志学館高の唐沢怜奈さん　フルート部門全国で最高位」、東筑・北安版「福祉の拠点名称『すばる』」、木曽版「厳冬の清滝氷の造形美」、松本版「残飯減らす運動　宴席でじわり効果」といった具合。

編集方針に「地域のことは全てわかるきめ細かな紙面製作を行う」とうたっているが、この方向をほぼ完璧にまで高めてきた。ここまで徹底しているのは珍しい。かくして部数は六万七千九百五十六部（二〇一一年八月現在）、有効世帯数当たり五二・三八％になっている。

文化活動の盛んな土地柄

松本といえば長野市との関係が面白おかしく語られる。長野オリンピックの時、上田市の信濃デッサン館のパーティで、松本のグループに会ったので「オリンピックで忙しいでしょう？」と聞くと「あれは長野がやっていることでしょ」といわれて「エッ」と思ったことがある。

『新・不思議の国の信州人』（丸山一昭、岩中祥史共著）では、二つの市の対立を説明するのに、一八七六年にさかのぼるという。廃藩置県で、いまの長野県は長野と筑摩に分かれていた。筑摩の県庁は松本に置かれていたが、火災で焼け、県庁は長野に統合されてしまう。「スキあらば奪還するぞ」というのが、松本の人達の執念だと書かれているが……。

長野県には県紙として「信濃毎日新聞」（信毎）がある。信毎と市民タイムスは対立しているように見えるが、新保さんにいわせると「市民タイムスは信毎の併読紙で販売店も同じです。こちらは地元密着、信毎は全国ニュースのウエイトも高く、互いに補完しあう関係ですよ」と共存共栄を強調する。

ただ松本が独自性を出して、県都と張り合うのは当然だ。松本は三がく都市を掲げる。音楽、山岳、学問である。文化を前面に押し出して違いを出そうとしている。「市民の応援団」を買って出ている「市民タイムス」は文化事業を積極的に手がける。新保さんは「購読料、広告料の中に、文化事業のコストは含まれている」と考える。

松本ですぐ思い浮かぶのは指揮者・小沢征爾さんの「サイトウ・キネンオーケストラ」であり、最近では亡くなった歌舞伎の中村勘三郎さんが「まつもと市民芸術館」で二年に一回、信州・まつもと大歌舞伎を公演していたことだろう。いずれも松本が気に入って始まったのだが、「市民タイムス」は記事で取り上げ、盛り上げに一役を買った。

文化で新保さんが特に言葉を強めたのは、草間彌生さんのこ

上段右から安曇野版、塩尻版、東筑・北安版、木曽版、松本版

とである。草間さんは二〇〇九年に文化功労者に選ばれ、NHKで特別番組が放映される等、一般に認知されてきたが、以前は海外で活躍していたものの、一般的には理解不能の前衛芸術家であった。

彼女は松本市の出身、「市民タイムス」は作品を果断に評価し、創刊二十周年の時は草間作品を記念品に使った。一九九九年、展覧会を主催。草間さんは、故郷に受け入れられたのである。草間さんは「市民タイムス」四十周年に当たって一文を寄せ「松本地域の皆さまに、私、草間彌生を広く認知していただけたのは、ひとえに「市民タイムス」のおかげであります」と書いている。

事業の一覧を眺めていると世界の一流音楽家が松本を訪れていることに目を見張る。人口二十四万の都市にしては、（失礼ながら）質が高い。八六年、「市民タイムス」十五周年の事業でチェコ放送交響楽団を呼んだのを皮切りに、オペラ「フィガロの結婚」、ハンブルグ交響楽団、NHK交響楽団、四十周年にはピアノ・辻井伸行でBBCフィルハーモニック等を続けた。

松本で特に成功したのはそば祭りである。松本城を望む公園に全国から名物そばが参集、そば好きが押し寄せ、ピーク時には三日間で二十万人を数えた。最近、やや参加人数は落ちているが、全国で最大のそば祭りとして知られ、二〇一三年には十回目の区切りを迎える。この催しは地域の活性化のために企画されたが、全国の名物そばの交流を図るとともに、信州のそばを全国にPRする、またとない機会になっている。

事業を紹介し始めると限りがないが、もう一つ紹介しておこう。無料で講演会を開いている。タイムス広告会と称しているが、第一回（一九九二年）の講師は元官房長官の後藤田正晴さん。以来、曽野綾子さん、藤原正彦さん、養老孟司さん、桜井よしこさん等、その時期の旬の人が訪れている。

盛んな読者との交流

これらの事業に取り組む郷土紙の狙いは何だろうか。新保さんは「ファンの拡大」という。読者と新聞が直接ふれ合う機会をつくり、読者をさらに強固なファンにしていく。読者は「市民タイムス」に親近感を持ち、読むだけでなく、支えていく意識が芽生え、互いに結ばれる作用が生じるのだろうか。

ファンをつくっていく仕掛けがもう一つ、用意されている。一時期、思い切って設備投資をした。安曇野支社、塩尻支社の新築にあたって、ホールをつくった。住民に安い料金で開放する。住民が支社に気楽に出入りすることによって、ファンになる。事業が持っている直接のふれ合いから、一体感が高まっていく。松本の本社併設のホールと合わせ三つのホールは、これまたつながりを確かめる装置になっている。

社長の新保力さん

長野は小藩が十一も存在し、それぞれ旧藩域が「おらがふるさと」を誇示してきた。ゆえに長野県人はまとまらず、信州人のまま、といわれたりするが、地域新聞の多さはその特異性によるものかもしれない。『日本地域新聞ガイド』（二〇一二年版）に載っている都道府県別、地域新聞の数は長野県が二十三でもっとも多い、次は北海道の二十一、三位は新潟県である。県民の理屈好き、向学心があるとしても、地域ごとのつながりが深いのは確かだろう。

中にはシェアが九〇％近い根を張った新聞もあるが、経営的に模範になる例に「市民タイムス」をあげて、異論はないと思う。四十年余りで確立されたものは何か。新保さんは三つに整理した。①経営基盤を固めることをまず考えてきた②文化事業等を軸に地道なファンづくりを進めてきた③読者の目線に立った地域ニュース中心の紙面を徹底してきた。

福澤諭吉の言葉に「一身独立して、一国独立す」があるが、明治から大正・昭和にかけて毎日新聞を全国紙に押し上げた功労者・本山彦一は福澤を経営の師としていた。本山は「新聞商品論」を唱えたが、基本の考えは「経営の自立なくして言論の独立なし＝自助自立の報道新聞」である。当時は新聞を商品と見る考えに、論を好む記者たちは反発した。大新聞の名残を引きずる中で、本山はひたすら経営基盤を固めることに力を注ぎ、大阪から東京へ進出することに成功し、朝日、毎日の時代を築いた。

新保さんは本山と同じく新聞経営のなんたるかを当初から押さえていたと思う。そこをたがえなかったから、着実に安定の年数を刻んできた。一典型としたゆえんである。「市民タイムス」はタブロイド判（基本は二十四ページ）。「掘りごたつの上で広げやすいように」との発想だと聞いた。

NEWSPAPER 04

桐生タイムス

【きりゅうたいむす】
群馬県桐生市
一九四五年十二月十日創刊
月額購読料：二千二十円（夕刊のみ）

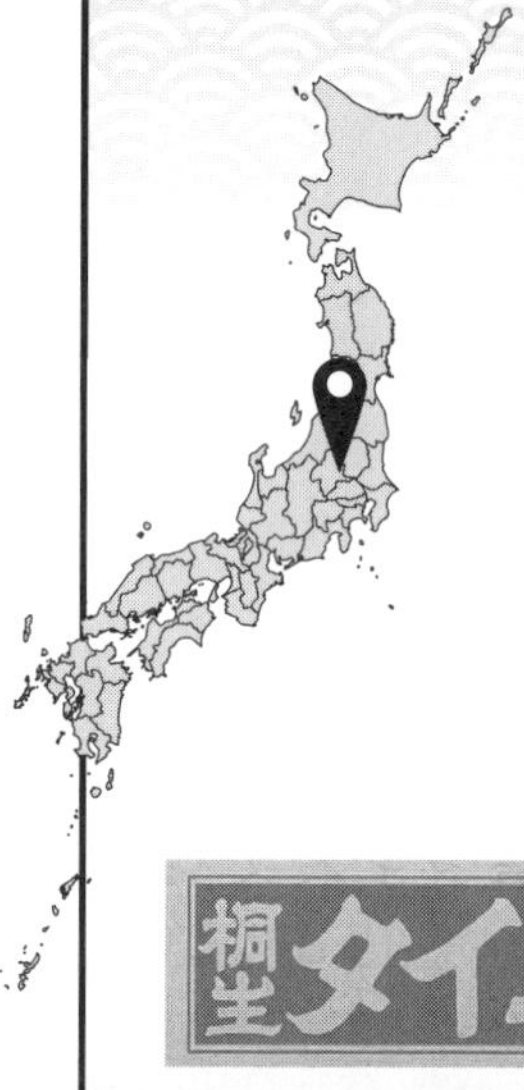

『リベラルタイム』2013年4月号掲載

超高齢化が進み、老年人口が三〇％を超えた桐生市。桐生タイムス社は、高齢者やその家族が欲している課題を二年後の創刊七十周年までに提言したいとしている。

「桐生タイムス」を創刊したのは、現社長・木村洋一さんの祖父・貞一さんである。社長室に貞一さんの写真が飾ってあり、木村社長は朝夕、手を合わせる。夕べには「ありがとうございました」といって帰って行く。創刊は一九四五年十二月十日。終戦直後の混乱期に「新日本タイムス」の題字をかかげて。

半年ほど後、「マッカーサー元帥座右銘」が掲載されている。「ただ長年生きてゐたといふだけで、人は年を取るものではない。理想を捨て去る時に人は年を取る」。サミュエル・ウルマンの『青春の詩』中の一篇である。

リーダーズ・ダイジェスト（※）英語版を読んだ人から、感動が次々と運ばれて桐生に達し、広告欄に載ったのだが、この物語はいまも群馬大学工学部（旧桐生工業専門学校）の碑に刻まれている。時代の息吹き、自由を象徴する活動が、地域紙の創刊であった。「新日本タイムス」は四六年四月「桐生タイムス」に改題された。

高齢者の満足を一番に考える

今年一月九日付の二面トップに「桐生の老年人口30％超」のニュースが載っている。桐生市の人口は十一万八千八百四十三人だが、六十五歳以上の割合が三〇・二％になった。これは群馬県内十二市で最も高い。中でも女性の比率が圧倒的で三四・〇％、対して男性は二六・二％。

木村社長との話は、このニュースから始まった。高齢化は日本のどこでも抱えている難題だが、桐生の

※リーダーズ・ダイジェスト＝1922年に創刊された月刊の総合ファミリー雑誌。100ヵ国以上で発行されている。

ような中都市でも進行が予想以上に早い。なぜなのか、どうしたらいいのか。考えるうちに後ずさりしたくなる話だが、真っ正面から向き合わざるを得ない。

木村さんの頭にひらめいたのは「夕刊」という自社の特性である。朝刊の場合は、家の人が寝ている間に配達することが多い。家の中の様子はわからない。夕刊の場合は午後四時ごろから各戸を巡る。人の動きが見える。しかも「桐生タイムス」では配達員が本社に集まり、各自の割り当て分を持ってバイクで散っていく。独自の配達網を持ち、本社が常に配達員と接触している。読者の情報が日々、直接上がってくる。このシステムを生かせないか。

例えば何日も新聞を置きっ放しにしている家がある。戸を叩いて元気かどうかを尋ねる。確かめて異常があれば対応する。配達網が一歩踏み込んで、介護の入口にまでかかわる。

木村さんの問題意識は「超高齢社会は避けることができない。ならば地域紙として積極的に取り組み、生き残り策を探っていこう」ということだろう。「お年寄りに読んでもらう新聞でいい」ともいう。もちろん、若い人をないがしろにする訳ではないが、超高齢化が大テーマである以上、エネルギーを集中させるものは何か、自ずと決まってくると考えている。

一時間ほどインタビューして、社長は「周りを案内しましょう」と連れ出してくれた。本社はかつての桐生の中心部にある。周囲には織物工場が並んでいた。「西の西陣、東の桐生」といわれたこの街は、織物業のだんな衆が好奇心のままに行動し、新しい建物や流行を産み出した。

木村さんは東京オリンピックの年（六四年）生まれだが、子どものころ「ガシャコン」と機を織る音が子守り唄であった。織物参考館に寄ったが、日本一大きい高機《たかばた》（手機《てばた》の一種）がある。いまは数軒のみでこの音が聞かれるが、独特のノコギリ屋根は随所に残っている。全て天窓は北側についている。均一に光を採り入れることができ、室内の温度を一定に保って、織物の品質を守るのだと聞いた。

超高齢化がもたらすのは、中心部の空き家の増加。高齢者は買物難民になる。本社の周り、半径三〇〇mに限っても、食料品、日用品をそろえる店がない。スーパーでは各戸への配達サービスを始めたところがあるが、木村さんは「高齢者が満足するのは、そんなサービスではない」という。高齢者は出かけて、にぎわいの場に立ち、人とおしゃべりがしたいのだ。バスを走らせてスーパーやコンビニ、商店街に連れて行くのがポイントだと考えている。これをどうするかが課題である。

桐生の超高齢化の早さは、地場産業の空洞化が急速に進んだためだ。繊維産業が一大看板だったのに、その構造が、かつてないスピードで変化していった。気が付いてみると、若者は出て行き、高齢者の比率の高い市になっていた。

多彩な別刷

木村さんが語った構想は、まだ実現していない。紙面でキャンペーンを始めた訳でもない。あと二年余りで創刊七十周年を迎えるが、その時までに具体化したいといっている。買物バスの運行や一人暮らしのお年寄りのケア等、行政との連携が必要になってくるが、地域紙が間に入ることによって新しい関係が生まれてくるのではないか。つながりを創造するプロジェクトでもある。

木村さんの構想で緒についているのは「介護タイムス」（二〇一二年九月発行）である。年一回の発行で、今年が二回目になる。出したのは個人の体験がきっかけだった。前社長で、父親の木村隆夫さんが要介護四、とたんに「どうしたらよいか」対策を迫られた。「介護タイムス」は、そんな人のためのガイドだ。地域包括支援センターの場所と電話番号、同センターの役割、「ケアマネージャーってどんな人？」「介護の悩み、Q＆A」「負担はどれくらい？」「高齢者在宅福祉サービスの紹介」等が続く。広告欄も参考になる。入居案内や食事の配達、訪問介護、デイサービス等の施設が並んでおり、サービスを選ぶことができる。

別刷は多彩だ。学校向けにジュニア版を出している。将来子どもたちを「桐生タイムス」の読者につなげる狙いもあり、学校の掲示板に張ってもらっている。週一回、本紙に掲載のものを、月一回、別刷で発行。群馬大学工学部の協力で「サイエンスラボ」を特集することもある。子どもたちに理科好きになってほしい、との思いから設けている。「タウンわたらせ」は毎週土曜日発行のフリーペーパー。六万部を印刷、全戸配布している。

取材は社員三人に、主婦レポーターが七人。主婦は関心の赴くまま、伸

右から「介護タイムス」「きりゅうタイムス」「タウンわたらせ」

び伸びと動いて書いて、十年続いている。一月十九日号（第五百十号）をのぞいてみると、特集は「大福」。年の始めに、福よ、大なれの気持ちも込めて、おいしい和菓子の店七軒がとり上げられている。「まい伝言板」「パパの料理帳」「シネマ倶楽部」「大人たちの倶楽部活動」「わが家のペット自慢」といった連載コラム、「交遊録」のインタビュー、地元の人が寄稿するエッセー欄と、項目を多くして、情報を詰め込んでいる。

矢継ぎ早の別刷の紙面。全ては本紙につなげようという試みである。間断なく働きかけて、いまの部数を維持する。現在一万五千部を僅かに切る程度。世帯に対する率は二五％程度という。

濃厚な人間関係の善し悪し

桐生はスポーツの盛んな市だ。「球都」という呼称がある。かつて桐生一高が夏の甲子園で優勝したことがあるし、桐生高校（就任当時は桐生中学校）野球部を四十年以上にわたって指導した、稲川東一郎という監督が有名だった。都市対抗で「オール桐生」が出ていたのを知っているのは、かなりのオールドファンだ。一九四六年には準優勝までいったが、古い話である。

昨年十月三十日号では「松田直樹メモリアル少年サッカー教室」を特集している。松田選手は桐生の出身、サッカー日本代表に選ばれたが、一昨年八月、三十四歳の若さで急死した。松田選手を記念して、十月十四日、桐生陸上競技場で少年サッカー教室が開かれた。

百九人の小学六年生が参加、松田選手と仲のよかった元Jリーガー三人が指導し、世界に挑戦する素質を見つけ出す試みでもあった。桐生タイムス社は企画・協力で参画し、開催を支えた。紙面でスポーツ記録を克明に追うのも伝統。大きなイベントは見開きで展開している。

郷土紙にとって、住民との距離感をどう保つかは、悩みの深いテーマかもしれない。やや古い資料だが、二〇〇三年一月号の月刊誌『新聞研究』の連載「地域紙はいま」に、「桐生タイムス」の原嶋浩記者が寄稿している。

この中で「地域紙は、限られた狭いエリア内で生きていかなければならない。記者も全国紙のように二、三年経てば異動という訳にもいかない。取材相手は我々記者を『タイムスさん』と呼称することが多い。全国紙記者に比べ、簡単には断ち切れない濃密な人間関係は、記者の手足を縛ることもままある」と書く。

社長の木村洋一さん。創業者である祖父の写真と

桐生のように、古くからの住人達が脈々と生活している地域では、濃密さの度合いは他市よりも高いだろう。この関係は、プラスにもマイナスにも働く。木村社長にしても同様である。むしろ会社を代表する立場として、人間関係は積極的にとり結び、良好さを維持するのに四方八方神経を配る。

木村さんは「記事に関して記者個人に風当たりが強くなっては困る。その時は私が受けて、こなすように心がけている」と話す。記事をめぐっての軋轢は記者に及ぼさないとの姿勢だが、現実になると難しい場面が出てくるだろう。

人間関係で悩む。その極致は選挙だと思う。昨年の総選挙はどうだったのか。群馬二区は桐生、みどり、伊勢崎、太田各市等を区域とし自民、日本維新の会、共産、民主各党が立候補した。しかし「きわめて低調な選挙だった」という。桐生では棄権の多さに表現されていたし、無効票の多さにも出ていた。無効票は「投票には行くが、白けていた」という意志の表現そのものだった。

一つは民主党の現職が維新にくら替えした。一つは有力と思われた自民の候補は、桐生ではなく伊勢崎の出身であった。結果は自民が圧勝し、民主→維新の候補は比例で復活した。くら替えは成功したととらえられているが、関西のように維新が人気を集めたのではない。ブームは起きなかった。上すべりのうちに選挙が終わった感じがあり、とりわけ桐生市民の間では「国の政治には頼れない」「自分たちで動かなければ」との思いが強くなったらしい。

白けの後にくるのは、自立のムード、なら結構だが、木村さんが超高齢社会への対応をどうするのか、構想の具体化にかかり始めたのには、総選挙の経過と結果があと押ししたかもしれない。

開票に限っては、夕刊を朝刊に切り替えて速報するのが慣例であったが、今回は夕刊のままだった。速報より解説に重点をおくとの思いがあったからだが、市民の白けが大きな理由であった。

NEWSPAPER 05

八幡浜新聞

【やわたはましんぶん】
愛媛県八幡浜市
一九二六年創刊
月額購読料金：一千二百円（夕刊のみ）

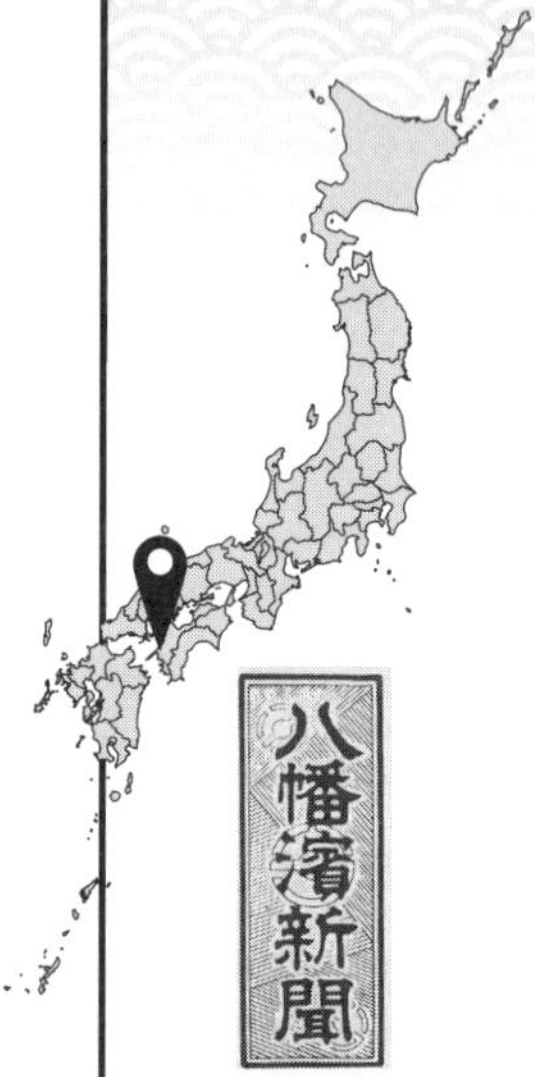

『リベラルタイム』2013年5月号掲載

関西電力伊方原子力発電所にほど近い八幡浜。発電所への態度は、住民の中でも賛否分かれるが全ての地元住民の立場を考慮し、紙面は中立。地域紙だから聞ける地元の声や「町ダネ」を扱っている。

スポンサーの多い土地

松山空港からリムジンバスで約一時間三十分。八幡浜市は南予地方に属し、地図で見ると四国の左端、九州寄りに位置する。人口三万八千人、小さな市に日刊紙が二つ、戦後競い合っている。さらに二年ほど前まではもう一紙、関西電力伊方原子力発電所反対を唱える新聞があった。一九二六（昭和元）年創刊の八幡浜新聞と、四五（昭和二十）年創刊の八幡浜民報、それに南海日日新聞である。なぜ？　と思う。

地域新聞が盛んな条件として①県庁所在地から離れていて、独立した圏域になっている②昔の藩の単位で固まっている③政争が激しかった——等であるが、八幡浜がぴったりはまっているかというと、そうでもない。八幡浜は宇和島藩に含まれ、かつては九州、大阪との交易で栄えた。商業の町で、伊予の大阪といわれていた。

宇和島に住み、八幡浜に勤務していたことのある友人は、「スポンサーが多かったから、新聞をいくつも出せたのではないか」という。商店街が四つある。いまは閉じられたシャッターが目立っているが、近郊から人が集まった。糸偏（繊維業）の会社があり、漁業も元気があった。

手元に一六（大正五）年、発刊された『営業案内并《ならび》ニ美人写真帳』（復刻版）がある。町内の最上写真館が出したものだが、当時の芸者さんの写真をはさむようにして、旅館、料理店、呉服店、菓子商、医院等の広告が並ぶ。五十四件になる。これだけスポンサーが多かったことを示す。戦後も盆、暮れになると何十と新聞が発行され、各戸に配布された。スポンサーのために年二回のにわか新聞が成立した土地柄であった。

妻との縁で新聞記者に

八幡浜新聞を訪ねた。こちらを選んだのは歴史が古く、残り二つの新聞の創業者は、ここの出身であったからである。松井一浩さんと夫人の潤子さんが応対してくれた。公称の部数は〈新聞〉も〈民報〉も三千部と、拮抗している。

比較をすると、〈新聞〉の方が穏和、〈民報〉の方がやや攻撃的かもしれない。ブランケット判二ページ（表と裏）の形は同じだが、第二面に温度差がある。〈新聞〉は生活、文化の割合が多く、寄稿が目立つのに対し、〈民報〉はニュースが前面に出ている。

〈新聞〉は読売新聞から配信を受けている。八幡浜は、全国紙夕刊の発行がなく、内容が重複しない。読者は、読売の夕刊生活面や文化面と同じ記事を読める。

社員は、夫婦とプラス女性一人と、印刷担当の男性一人。これまで訪ねた新聞社に比べて、小ぢんまりしている。二六年に始まり、戦争で中断があったが、もうすぐ九十周年の歴史を誇る。小さくて、素朴で、見栄を張るところがない。夫婦で助け合っているなんて、全国紙の通信部のようでほほえましい。

いきさつを聞く前に松井さんは「女房とは八幡浜の高校の同級生です」。たまたま松井夫人は新聞の二代目社長の娘だったため、松井さんは結婚して新聞に入り、二代目であった義父が昨年亡くなったので、後継に就いた。

「記者志望で入ったのではなく、女房との縁でこうなりました」という。しかし松井さんは、一人で市役所、警察、港等をまわり、せっせと原稿を書いてきた。

おまけに義父が約六十年間、休むことなく続けていたコラム「卓上一言」も執筆する。取材が重なることがある。その時は妻と手分けする。潤子さんがレイアウトを担当し、内をがっちり守ると同時に、遊軍的に外もカバーしている。夫婦で新聞をつくるのは、例が少ない。

毎日新聞の編集委員時代、埼玉の「新郷タイムス」を取材し、夕刊三面に大きくとり上げたことがある。この地域紙は新興住宅地で、元新聞記者の叶公《ひろし》さんが始めたものだ。

叶さんは記者現役のころ、車で走りながら田畑で野良仕事をする夫婦を見た。「いい風景だなあ」と思い、定年後は「妻と同じ仕事をしたい」と憧れていたという。長年、取材と整理に明け暮れた叶さんにとって、夫婦でやれるのは小ぶりの地域紙、その思いだけで創業した。夫が取材で妻が経理や営業を分担していた。叶さんは、妻との共同作業に満足そうだった。経営は上手ではなかったが、充足感はあったと思う。

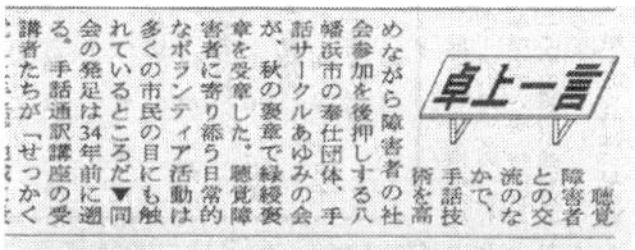
卓上一言

聴覚障害者との交流のなかで、手話技術を高めながら障害者の社会参加を後押しする八幡浜市の奉仕団体・手話サークルあゆみの会が、秋の褒章で緑綬褒章を受章した。聴覚障害者に寄り添う日常的なボランティア活動は多くの市民の目にも触れているところだ▼同会の発足は34年前に遡る。手話通訳講座の受講者たちが「せっかく

60 年間続いているコラム「卓上一言」

社長の松井一浩さんと妻・潤子さん

地域紙ならではの「町ダネ」

さて、松井さんは特ダネ記者ではない。他を押しのけていくようなタイプではなく、町ダネをじっくり掘り下げるのが向いていそう。町の人に信頼されて、話題が集まってくる。

長く追いかけて実ったものの一つが「日土《ひづち》小校舎 重文指定へ 戦後建築4件目、学校建物で初」（昨年十月二十三日付）の記事だ。

その前に、この建物の修復保存活動が世界で評価されて、WMF（ワールド・モニュメント財団）の「ノールモダニズム賞」を受賞したニュース（昨年十月六日付）が報じられており、いずれも一面トップで扱い、くわしい。

戦後建築で国指定重要文化財に指定されたのは、広島平和記念資料館、世界平和記念聖堂、国立西洋美術館に続くもので、これら三つの設計者が丹下健三、村野藤吾、ル・コルビュジェであるのと比べ、日土小学校は八幡浜市立で、市職員だった松村正恒氏の設計、と記事は解説している。

氏は一九六〇年の『文藝春秋』で、前川国男、丹下等と並んで「建築家ベストテン」に選ばれているほどの実力者だが、一般的には無名。

ただ、地元の人であり、松井さんは個性ある作品に注目していた。地道に記事を書き、追っかけを続けてきた。地元メディアの利点は、こういう人材をいち早くつかまえられることにある。世間で話題になる前に、そのユニークさを評価する。松井さんも、氏と出会って、地域紙の醍醐味を感じたことだろう。

松村氏は一九一三年愛媛県大洲市生まれ。武蔵高等工科学校（現東京都市大学）を出て、建築事務所に勤めたあと、四八年から八幡浜市役所勤務。退職後、自分の設計事務所を持ったが、自ら「無級建築士」「無給建築士」と称する等、名前の出ることを好まなかった。九三年死去。八十歳だった。

氏は学校建築に多く携わったが、基本は「学校の主役は子どもたち」であった。日土小がユニークなのは「校舎の裏側に小川が流れていて川岸に学校が建っているのです。そこでおもいきって二階のヴェランダを川の上へつきだした」点。

さらに「両面採光と通風のため教室を廊下から離し、窓台も低くして目にしみるのは川向こうの山の緑のみです」（松村正恒著『無級建築士自筆年譜』）。子どもたちは教室にいて風を感じ、自然を感じ、外へ出るとすぐ下を川が流れる環境にある。

松村氏は「河川法違反という横槍が入った」と書いているが、学校建築が画一的なのに対して、氏の設計は子どもの気持ちを大切にし、学校の立地条件を生かすように心がける。決して建築家が表に出ることはない。あくまで脇役であると心得、

八幡濱新聞

日土小校舎 重文指定へ

戦後建築4件目、学校建物で

関係者ら喜びの声

八幡濱新聞

40年間の歴史に幕

きりん最後の画廊展

門田さん「青春残像」など41点

脱原発、TPP阻止訴え

町ダネがトップにくることが多い。

（上）日土小学校の重要文化財指定を伝える記事

（下）「きりん画廊」の閉店を伝える記事

「山深く、人知れず咲く、名はないけれど清楚な花一輪、立ち去りがたい。そんな建築が創れたら……」

とよくもらしていた。

もう一つ町ダネを紹介しよう。

昨年十二月六日付「きりん最後の画廊展」。市内のギャラリー「きりん画廊」が、十二月末で四十年の歴史に幕を閉じるというニュースだ。一面トップで報じている。地域紙ならではの特ダネである。昔は喫茶店「きりん」の二階で油絵教室を開いており、画材販売店も経営していた。美術愛好者の社交場の役割りを果たしてきた。

閉じることにしたのは、画廊の主人夫妻の高齢化と、画材が通信販売で手軽に入手できるようになったから。主人は教職をやめて画廊を開き、自分で絵を描き、指導もしたが、今後の時間は「自分の絵を描くことにあてたい」と語っている。

それぞれの立場を尊重する

伊方原子力発電所は八幡浜から車で三十分ほど。宇和島に住む友人の車で訪ねたが、周囲は宇和海と瀬戸内海で、ドライブウェイから眺望すると、はるかに島々が重なり、トーマス・クックはじめ多くの外国人が「世界一」と称した風景が広がる。

足下の原子力発電所施設は休止中で、人の気配はするものの、静かである。休止によって地域の受ける打撃は大きい。八幡浜からは、朝十台のバスが発電所まで通勤の人を運んでいた。それが止まり、市内のホテル、旅館も空室が目立つ。商店街の人も減った。地元の人は「定期点検の時は、一万近い人が来た。(中止の）影響は大きく、元気が出ない」と嘆く。

発電所が稼働していても「道路のトンネルが一つ抜けるたびに、松山に（人が）吸い寄せられる」といわれた。ストロー現象が、吸引力の強い松山に向かう。最近は大洲にも吸い寄せられる。郊外に大型店ができ、車で行きやすくなったからだ。

八幡浜としては、いち早く発電所の再開を、と希望しているが、町の空気は一体ではない。松井さんは「賛成、反対の態度をはっきりさせていません。住民にはいろんな意見がありますから」という。動きは追っていくし、投稿があれば掲載するが、中立を守っているようだ。

発電所が伊方に来る時、反対運動は激しかった。特に漁業者は強固であった。郷土紙としては、商店やホテル等に配慮しつつ、漁業やみかん栽培の農家のことにも目配りしなければならない。中立というのは、バランスをとった選択なのかもしれぬ。

市立図書館で、『原発の来た町——伊方原発の30年』（斉間満著）を読んだ。著者は「地元で原発を批判していく必要を強く感じて南海日日を立ち上げた」と書いている。設置許可の取り消しを求めて訴訟も提起されており、著者は原告の一人でもあった。

漁業者は特に発電所への反感が強い（写真は八幡浜の市場）

南海日日はすでに廃刊しているが、原子力発電所再稼働の動きの中では、伊方がもっとも運転再開が早いのではないか、といわれている。反対運動は消滅したのではなく、発電所の周辺には、反対の横断幕が張られていた。もし再稼働の場合、住民の気持ちはどのように動くのだろうか。郷土紙の報道も、微妙に揺れるかもしれない。

八幡浜で目につくのは「八幡浜ちゃんぽん」の旗や看板である。戦前、長崎から伝わり、戦後、名物に育ってきた。商工会議所青年部が中心となり、Ｂ級グルメの雄として全国にＰＲしようとしている。商店街の老舗の食堂で食べたが、あっさりした味だった。空港で食べたのには、宇和島のジャコ天が入っていた。

NEWSPAPER 06

房州日日新聞

【ぼうしゅうにちにちしんぶん】
千葉県館山市、鴨川市、南房総市、安房郡鋸南町
一九四八年創刊
月額購読料：一千四百四円（朝刊のみ）

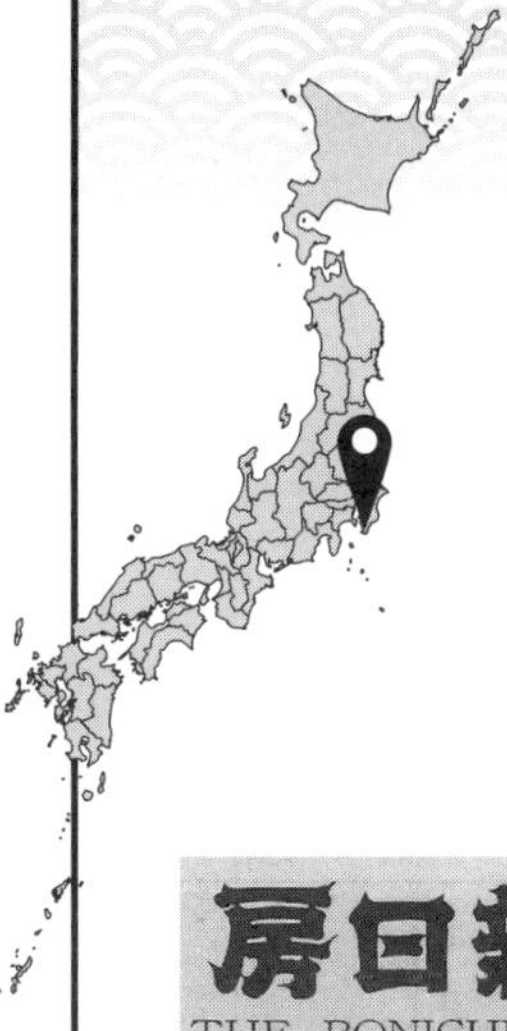

房日新聞
THE BONICHI SHIMBUN

『リベラルタイム』2013年6月号掲載

稳やかで全国紙と争わない、紙面に核をつくらない。
新聞はサービス業、という独特の編集方針を持つ。
紙面から地元への愛着が感じられる新聞だ。

千葉県の先端、南房総に六十五年の歴史を誇る郷土紙がある。地域の情報に徹し主張はしないと決めているようだ。温暖で、野菜や花や果実、魚に恵まれている。この地域のテーマは市町村の合併であった。七市町村が合併したが、これからも合併問題を抱えていく。

地元経済を熟知する社長

房州日日新聞（以下房日）は一九四八（昭和二十三）年の創刊。当時は四紙が競っていたが、代がかわり、現在は房日一紙にしぼられた。創業者は地元選出の県議だったが、九五年になって、館山市でもっとも大きな企業グループ「本間グループ」に買い取られた。いまは、同グループの七社のうちの一つ。社長は和田秀夫さん。取材を申し込んだ時は「うちの新聞は取り立てて特徴がないんで……」と謙遜していたが、「いや、色んなタイプの新聞をとり上げたいのです」と話してOKしてもらった。

社長の和田秀夫さん

郷土紙の経営者で控えめなのは珍しいかもしれない。五年前、社長になったが、館山信用金庫専務理事からの転出。信金の専務を十三年間務めたというから、地元の経済界を熟知している。新聞の経験はないが、経営の視点から見ると強力なプロといえる。

エリアは館山、鴨川、南房総の三市と鋸南《きょなん》町。合わせると人口は約十三万六千人、公称部数は二万七千五百部。長年、ほぼ同部数を維持しているから立派なものだ。そう持ちかけると「半島の先端ですから、攻めようがないんでしょう」との答。それでも人口は年間二百～二百五十人ずつ減っており、維持していくのは厳しいと認識している。

地元の若者たちが東京に就職して帰って来ない。高速バスでは一時間半～二時間くらいしかかからないが、近いことが逆に東京へ出やすくしているのだろうか。アクアラインの料金が片道八百円（ETC使用）になったり、館山道が開通したのに、UターンやIターンにつながっていない。「恩恵は木更津、君津までで、私たちのエリアまで及んでいません」とのことだ。通勤するにはまだ遠いのだろう。

力を入れているのは観光である。ところが東日本大震災で観光客が激減、まだ回復していない。かつては夏の海水浴が最大の観光客を集めた。いまは海水浴が敬遠され、二～三月頃の花の季節に人が増えてきた。大都市から二～三度暖かい房総にやって来て、いっぱいに咲く花を見たり、摘んだり、イチゴ狩りに興じる。これが売りになってきた。

全国紙と争わない姿勢

和田さんの姿勢は、記者から上がってきた経営者とは一味違う。「新聞はサービス業」「取材させてもらうんだ」といった言葉が出てくる。ただ「へりくだってはいけないが」とも続くのだが。奇異に感じるが、本山彦一元大阪毎日新聞社長の「新聞は商品なり」と同じかもしれない。紙面に核がない。というより、つくらない。できるだけ細かくニュースを取り上げる。多くの本数を入れて、読者にサービスするのが基本と考えれば、これも郷土紙にとって一つの編集方針である。

房日の三月六日号、一面にはニュースが八本、四面には十本。二、三面にもニュースが入っており、この日は全部合わせると二十三本になる。ニュース以外は俳句、寄稿、あなたの運勢、読者コーナー、健康歳時記等である。郷土紙によくあるテレビ番組一覧がない。

これまで訪ねた新聞では、テレビ番組を載せることによって、一紙とってもらったら、最低限の情報はカバーできるという宣伝をしていた。全国や海外のニュースはテレビで見れば十分、郷土紙で地域のニュースを読み、テレビの番組を知る。これが販売の強味になってきたが、房日にはそれがない。

和田社長は「全国紙の販売店に配達をお願いしているので、（全国紙の領域を）侵してはいけないと考えて載せていません」と説明する。房日が長い間守ってきた、争わない姿勢がここにも表れている気がする。

一面の左肩におかれている「展望台」は、この新聞の声が聞こえる場所である。毎号掲載されており、三人の筆者が交代で執筆している。ただし本名ではなく、イニシャルである。二人は社外の人、一人は社内の記者が書いていると聞いた。一週間分を読んだ限りでは、主張というより身辺雑記の趣が強い。論説ではなく、エッセーとして読む欄である。

三月一日には「老舗の味」でOさんが執筆しているが、東京・神田淡路町のそば屋「かんだやぶそば」の火災をとり上げている。一日からはじまった春の火災予防運動にひっかけているものの、流れるトーンは、老舗が焼失し再建がどうなるかを危ぶむ。房総にいて、足を運ばなかったことを悔やみつつ、焼失を惜しんでいる文章だ。

今日的といえば三月二日付の「スクールカウンセラー」の記事だろうか。Ｆさんは「思春期の親子関係」と題する講演を聴く機会があり、その内容を紹介している。思春期にさしかかると、子どもは時に子どもではなくなる。この変化に対して「大人の余裕で子どもを理解しようとすること、それがコミュニケーションの糸口になる」というのがスクールカウンセラーのアドバイスである。あるいは社会問題になっている、いじめや体罰のことが出てくるのかと思ったが、筆致はおだやか。誰もが納得できる結びになっている。

館山市立図書館に『地方の品格』という本があった。古市一雄著、「展望台」をまとめた本である。古市さんは鴨川市役所に長く勤めた人で、退職後「展望台」を書いていた。この人の筆致も、おだやかな調子で、自ら執筆した分を本にしたのだが、自分が住んでいる地域のことを地域の新聞に綴る幸せな思いがにじみ出ている。

もう一冊、房日関連の本を見つけた。『房州低名山《ひくめいざん》＆温名湯』である。著者は房日記者の忍足利彦さん。低名山や温名湯は言葉としてもイメージを確立し、新聞の連載中も好評だったと聞く。

千葉は高い山が少ない。最高でも五〇〇ｍを超えない。旧和田町でネイチャースクールを運営していた頃、地元の人の案内で「花嫁街道」のハイキングを実施したが、頂上である烏場《からすば》山が二六〇ｍほどであった。全て穏やかな里山クラス。

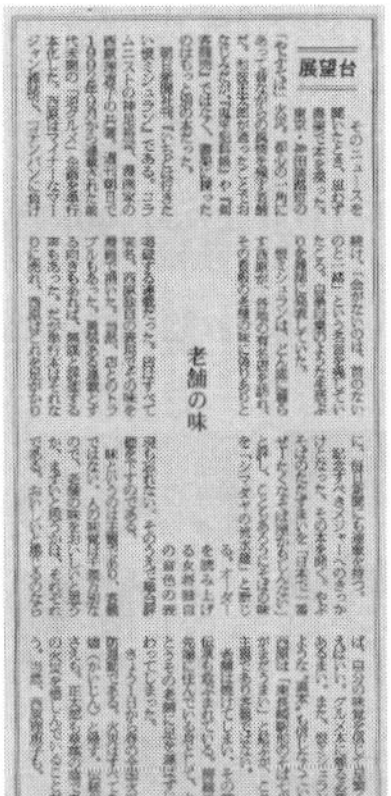
展望台

老舗の味

三月一日の「展望台」

火山帯が通っていないので、温泉も鉱泉で温度が低く、沸かしている。これを温名湯と名づけた。山も温泉も本格派ではないが、近くにあって行きやすい。親しみやすい。

地味な存在にスポットを

以前から大きなテーマは市町村合併であった。南房総市は二〇〇六年の合併促進策によって和田、三芳、丸山、富山、千倉、富浦、白浜の七町村が一つになって誕生した。鋸南町はなぜかこのグループから離れて孤立を守り、館山、鴨川も大同団結する話があったのに実現しなかった。当時、聞こえてきたのは、館山市は合併後の市名に「館山を残したい」と頑張り、鴨川市は他の自治体が借金を引っかぶるのはご免というムードが支配的で、結局、ほぼ同じ規模の町村が合併した。

人口は四万六百八十人、市長選が若い前県議と前町長の争いだったが、前県議が当選、いま二期目に入っている。市庁舎は富浦に置いて市政をスタートし、七年目に入ったが、果たして一体感は生まれただろうか。和田さんは「順調にいっている。市長は若いし、よく動いている」と評する。ちなみに館山は四万八千四百六十六人、鴨川は三万四千八百七十二人、鋸南は八千五百八十八人、三市一町を合わせると十三万二千六百人ほどになるが、和田さんとしては「次の段階は、三市一町が合併して一つになること」が望ましい。房日新聞のエリアとぴったり重なることになって、新聞は経営上も、取材の上でもやりやすい。和田さんは経済人の感覚から、その必要性を痛感している。

大合併して観光に力を入れ、大いにＰＲして全国から、海外から観光客を呼び込む。房総にはすばらしい自然があり、食材も豊富なのに、全国的な人気がいま一つ。成田空港や東京ディズニーリゾートが近いのに、地の利を生かしていないといわれてきた。地域がバラバラだから、ではないか。恵まれた資源を生かすのは、大合併がきっかけになると信じ、和田さんは経済人や首長たちに説いている。

「紙面でキャンペーンしたらどうですか」と問いかけたが、「これまでもキャンペーンはしていないし、これからもやらないでしょう」との答だった。個人的に会った時には自説をいうが、紙面では出過ぎたことをしないという姿勢。これが里山に囲まれたこの地域のやり方と認識した。新聞はサービス業という言葉にも、納得した。

ユニークな連載を見つけた。「踏切のある風景」だ。三月七日号ではＪＲ内房線の八一南一号踏切（南房総市和田町和田）をとり上げている。南一号とは南三原駅から出て最初に国道と交差する踏切の意、らしい。踏切は大型車の出入りが難しく、地元から改良の要望が出ていると書く。エリア内の内房線、外房線の踏切を順番にとり上げていく。踏切といえば、プラスイメージではない。できたらなくなってほしい代物だが、近所にとってはなくてはならない施設。忘れがちな地味な存在にスポットを当てるところが、この新聞の真骨頂なのかもしれない、と感じ入った。

NEWSPAPER 07

津山朝日新聞

【つやまあさひしんぶん】
岡山県津山市
一九一〇年創刊
月額購読料：一千八百九十円（夕刊のみ）

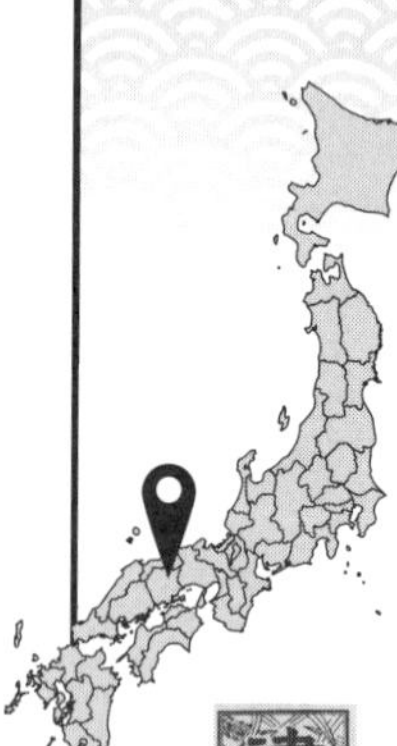

『リベラルタイム』2013年7月号掲載

建国一千三百年を迎えた美作国《みまさかのくに》（国府・津山）。記念行事を多数行い、過疎化した地域を盛り上げている。津山朝日新聞も、三年前に百周年を迎えた歴史ある新聞だが、時代の変化に合わせる努力は、忘れていない。

岡山駅から快速で一時間十分ほど。二両編成のワンマンカーで北へ、山地に分け入って終点が津山であった。津山朝日新聞は一九一〇（明治四十三）年の創刊、三年前に百周年を祝った。町も、新聞も歴史がある。古いものを大事にしている。

社長の福田邦夫さんは四代目、三十四歳と若い。津山の高校を出て東京の大学へ。シニア向けの折り込み媒体を発行する会社で、営業を担当していた。ところが三代目の父親が病気で倒れ、急遽社長を継承、五年目になる。父親は昨年九月に亡くなり、会社の経営は、ずっしりと福田さんの肩にかかってきた。

社長の福田邦夫さん

地元イベントを盛り上げる

津山は城下町である。古い武家屋敷や社寺が残っている。新聞社の敷地にも、津山藩家老・大熊家の長屋門があり、津山藩の武士が潜戸《くぐりど》からぬっと出て来そうな雰囲気。日々のニュースを追っかけている編集部や、輪転機のまわる建物のすぐ前に、江戸時代から続く門が睨みをきかしている感じ。これぞ津山、としばし門前にたたずむ。

交通の要衝でもあった。出雲街道が通り、山陰と山陽を結ぶ接点だったが、いまは中国道ができ、高速道路へのアクセスがよい。この便利さがプラスに働くかと思いきや、中心部は空洞化、商店街はシャッター通りと化している。平日の昼、商店街を歩いたが、五、六軒に一軒、営業していたかどうか。福田さんによると「岡山に吸い寄せられている」。ストロー現象が予想以上に進んだ。地方都市がなべて抱えている悩みだが、これまでの変化は激し過ぎた。

今年、紙面で展開しているのは、美作国一千三百年の記念行事である。一年間、イベントに寄り添って継続して取り上げ、盛り上げていくという。美作は律令国家が制定した国の一つ。七一三（和銅六）年、丹後、大隅とともに立国し、津山に国府がおかれた。律令国家としては最後の制定だったといわれる。理由は「官道の整備が遅れたから」（『岡山県の歴史』山川出版社）。

備前、備後等に比べて二十四年後になったが、それだけ独自の実力、文化を持ち、圏域が固まっていたのだろうと推測する。はるか昔にすでに郷土紙の存続する条件を備えていた？

エリアは津山のほか美作市、真庭市、鏡野町等、三市五町二村。二万八百部のうち六割は津山が占めている。福田さんも「津山は自信があります。シェアも高いし、これを周辺に及ぼしていくのが課題です」という。

美作国と重なっているエリア区域、一千三百年キャンペーンの正式スタートは四月四日付であった。津山城で祝賀記念セレモニーが開かれ、約八百人が、小学生の「将来の夢」つき風船、一千三百個を大空に放った、とある。実行委員会のメンバーは、建国当時の衣装で登場。実行委員長の宮地昭範津山市長は「一千三百年を契機に、美作十市町村が一体となり、力を合わせて美作国を元気にしていきます」とあいさつした。

一千三百年は気が遠くなるくらいの時間だが、津山では律令制の国のかたちが甦り、一体感を強めようとしている。美作国においては津山朝日が「国紙」である。記念行事の報道に力を入れようと考えるのも当然。国としてまとまっていくことが、新聞の拡大につながるのだから。

四月一日付にはミュージカル「みまさか猿神退治」の記事。津山文化センターで昼夜二回、公演した。「今昔物語」等に収められた美作地方最古の物語を基に、劇作家・山田美那子さんが脚本を書いた。出演は公募に応じた住民三十五人と地元の舞踊研究所、混声合唱団。「美作国建国一千三百年」と、キャンペーン共通のタイトルを掲げ、大きく扱っている。

四月二日付には津山市議会の観光振興議員連盟が、美作国PRで出雲市や松江市等をまわった記事。建国一千三百年のキャンペーンは、観光振興の目的であることがわかる。同日の一面トップには、津山観光キャンペーン推進会議が主催するパネルディスカッションの模様が。福田社長も青年会議所の代表で参加している。

さらに三面のトップは「美作地域の食材使い、7店創作　ご当地もてなし弁当」。これも一千三百年記念のイベントで四月三日から一年間の限定販売。津山黒豚のかば焼き、鏡野紫黒米とタケノコの炊き込みご飯等、地元産の食材を使って、工夫をこらす。津山は牛のそずりが名物。甘辛煮や炒め物、キンピラにしたもの等が入っている。

一年を通して、漫画「ＮＡＲＵＴＯ」を描いた列車が走ったり、「かたみくん」と呼ぶキャラクターが活躍したり、新聞としても連日報道する構え。取材で訪ねたのは、イベントがスタートした時期で、この一年にかける気合いが伝わってきた。郷土紙しかできないキャンペーンが楽しい。

地域の品格がわかる

津山朝日の百三年の歴史を見ると、題字は幾度か変遷を繰り返している。最初は作陽新聞、一九一九（大正八）年に美作新聞と合併して津山朝日新聞、三九（昭和十四）年には津山毎日新聞、作州日報と合併したが、名称は津山朝日新聞のまま。なんと津山では毎日と朝日が一緒になり、津山朝日を名乗っている。四一（昭和十六）年には軍の一県一紙政策により山陽新聞（当時は合同新聞）に吸収された。四六（昭和二十一）年に復刊して現在に至っているが、一貫しているのは初代福田辰一社長以来、福田家が経営を担っていること。

二〇一〇年七月一日付は百周年の記念号である。美作新聞組合の組合長と、専売店の所長のインタビューを載せているのも、創業当初から支えてきた大きな柱が販売店であったことを強調する意味がある。津山市内中心部は中央、北部、東

地域とともに津山朝日新聞100周年
津山朝日新聞
夕刊
100周年
明治43年7月1日、第1号発刊
創刊100周年にあたり

100周年を迎えた2010年7月1日の記事

部の三販売店が、周辺は山陽新聞や全国紙の合同販売所が配達している。東部販売所の松本克美所長が配達中のエピソードを語っている。

「どしゃ降りの雨の中、はいかいするお年寄りを発見。『家は分からない』というので、何とか名前を聞き出し、家を探して送っていった」「落とし物を拾おうとして誤って水を張った田んぼに落ちた子どもを見つけ、助け上げた」「1人暮らしの高齢者に新聞を手渡したとき、『灯油容器のふたが開かなくて困っている』といわれ、ストーブに給油してあげた」等。郷土紙と住民の距離感をうかがわせる内容になっている。夕刊で、専売の地域だから、こういうつながりが生まれるのかもしれない。

津山の人は、身内同士では町の悪口をいっても、外の人から悪口をいわれると反発する。津山の自慢を並べるんだとか。JR津山駅近くの市立図書館で、津山高校の八十周年誌を読んだ。一九七五年の刊行、津山中学から数えて百二十年近い歴史を有する。津山藩の藩校から説き起こし、津山が幕末、洋学の一大拠点であったことを誇らしげに描いている。

その中心にいたのが藩医・箕作阮甫《みつくりげんぽ》。この家系からは、明治期の東京大学・京都大学総長、東大教授らを輩出し、「日本の最優秀家系」と断じる。その箕作旧宅の隣接地に二〇一〇年、津山洋学資料館がリニューアルオープンした。赤井克己著『おかやま雑学ノート第八集』（吉備人出版刊）には館長のインタビューが載っているが、津山洋学の特徴を「植物、化学、歴史、地理等、研究分野は多彩で医学中心の蘭学の枠では律しきれないほどの発展を見せた」としている。

同じく津山藩医の一人、宇田川榕菴《うだがわようあん》は、シーボルトと交流が深く、コーヒーの効用を初めて叙述した。

〝珈琲〟の字を充てた人として知られ、津山の喫茶店では「珈琲の字が生まれた町」とPRしているところもあった。阮甫らが活躍したのは江戸の津山藩邸であったが、この山間の盆地が、新しい情報の交錯する場だったことは興味深い。

美作国といい、津山洋学といい、いまや県内では唯一の存在になった郷土紙を、百年以上守り育てた住民の思いとつながっているのではないか。筆者は郷里の「あやべ市民新聞」が今年四月に創刊三十周年を迎えた際に寄稿を求められて「地域紙が町の格を上げる」と書いた。地域紙が長く存続している事実が地域の品格を判断する素材の一つだと思う。

時代の流れに対応する

もちろん津山でも、各地が抱えているのと同じ悩みがある。福田さんは社長に就任して、津山の中心部で部数が減っているのに愕然とした。空き家の増加と比例している。一人が亡くなって一人暮らしになり、残った一人が亡くなって空き家、というパターンである。

福田さんは、一つの活路を電子化に求めた。販売店に迷惑をかけないよう、地域外の読者に向け、購読と同じ料金で送信するシステムである。売上は百万に届かないくらいの額だが、人手がかからず、メリットは多い。ふるさとを離れた人も、心は津山に置いている。津山だから成立する手法といえるかもしれない。

もう一つは情報を充実させ、カラー化を実現する方向だ。紙面強化の王道をいく道。周辺の普及率が低いのは可能性を残している。

図書館を出て、小学生らしい姉弟に駅への道をきいた。姉の方が道順を教えてくれた。その方向にゆっくり歩いていると、弟の方が走って追っかけてきて「歩いていくと橋があります。橋をわたって下さい」と付け加えた。なんと愛らしい子どもたちか。最近は場所をきくとソッポを向く子どもが多い。「見知らぬ大人にかかわってはいけない」と教えられているらしい。津山では、そうでなかった。これまで道順を聞いて最高の返事が返ってくるのは福井県だと思っていた。長年の経験から確信になっているのだが、これに津山を加えたい。

図書館がデパートの四階にあり、月曜に開館していたのも助かった。図書館の係員も駅前交番も、駅の観光案内所も全て親切だった。町が郷土紙を育てる。郷土紙がある町はどこかちがう。それが何なのか、全国のデータを集める必要がありそうだ。

NEWSPAPER 08

盛岡タイムス

【もりおかたいむす】
岩手県盛岡市、滝沢村、紫波町等
一九六九年十月二十六日創刊
月額購読料金：二千二百六十二円（朝刊のみ）

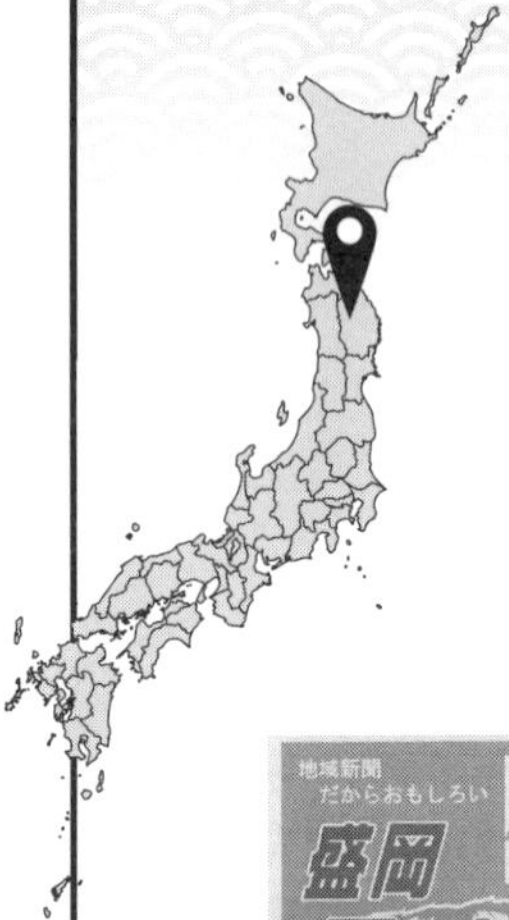

『リベラルタイム』2013年8月号掲載

復興に向けて、建設ラッシュの岩手・盛岡。
親会社の「岩手建設工業新聞」の社長も務める大内さんは、
盛岡の歴史と文化を大切にしつつ、
地元の未来も見すえている。

鉄道から新聞の世界へ

「盛岡タイムス」は、盛岡市とその周辺をエリアとする地域紙である。県庁所在地で地域紙を貫くのは難しい。岩手の県紙は「岩手日報」である。県紙に対抗しながら、都市型新聞のあり方を探る。この地域紙は意外な強みを持っていた。

社長は大内豊さん。旧日本国有鉄道に入り、JRになった盛岡駅の初代駅長だった。盛岡管理局の文書課長として民営化の基礎固めをした。JRを辞めて、事故で批判にさらされた第三セクターの三陸鉄道社長を務めた。安全対策の手を打ち、信頼を回復してきたころ、盛岡タイムスの奥寺一雄社長（当時）夫妻の訪問を受ける。

「盛岡タイムスの経営をやってくれんか。頼む」と土下座せんばかりの懇願。借金で経営が苦しいらしく、真剣な思いが伝わった。「こちらの任期があと一年、それまではダメです」といって帰ってもらったが、奥寺氏はあきらめていなかった。一年後、社長の椅子を空けたまま、大内さんを迎えた。十一年前のことである。

大内豊社長

奥寺さんが新聞事業をはじめたのは一九五七年。「岩手建設新聞」としてスタートし、六〇年「岩手建設工業新聞」と改称し、現在まで続いている。経済成長は東北にも及び、建設ラッシュが昭和四十～五十

（六五〜七五）年代にかけて途切れることはなかった。東北新幹線、東北自動車道、花巻空港……と大型プロジェクトが相次ぎ、建設業者はわいた。

この新聞は、盛岡タイムスの親会社で、最大の売りは入札情報である。東北整備局や国道工事事務所、県の振興局等に記者を出し、最新の情報を掲載している。岩手の建設会社の社長さんは、朝起きると「岩手建設工業新聞」を開いて、入札情報を始め予算の詳報や工事の着工、完成等のニュースを頭に入れるのが日課になっているとか。県下の業者は一人工務店を入れて約五千。さらに関連事業者や役所、銀行等も購読しているので八千部発行している。購読料は月七千三百円だが、事業の必需品になっているだけに強い。安定した経営を支える柱である。

東北は復興が始まることもあって、再びの建設ラッシュが起きている。大内さんは「かつてのようなバブルにしてはならない。研修会を開いて復興が終わった後のことも見すえていますよ」と話す。大内さんが座長になり、業者を集めて岩手地域開発懇話会を開催している。新聞が音頭をとって経営の手綱を引き締めているのは面白い。

経営体制の立て直し

「盛岡タイムス」の創刊は六九年。奥寺さんは「岩手建設工業新聞」が軌道に乗り、経済成長が実感できたのだろう。一般紙の発行に踏み切った。

奥寺さんは、夢を描いて実行する人であったらしい。岩手からはかつての北支、中国大陸北部に出征した兵士が多かった。奥寺さんは中国山西省との交流計画を立て、花巻空港から毎年、中国へ直行便を出した。二十年間、毎回百人ほどが中国を訪れ、向こうからは高校生を呼んで、岩手の農家に半年間ホームステイさせた。戦争で迷惑をかけたという贖罪の気持ちと、世話になったことへの恩返しと両方があったのではないかと大内さんは見ているが、採算等は度外視した事業であった。

奥寺さんが大内さんに目をつけたのは、この時、旅行代理店は協力を断ったのに、民営化したばかりのJRの大内さんが快く応じてくれたからだった。大内さんに後を託した奥寺さんは去年、亡くなった。

しかし、借金は想像以上であった。社長になった時、地方銀行の頭取はいった。「借金は前の人がしたものではありません。これからはあなたの借金ですよ」。民間会社の代表取締役になるというのはこういうことか、と知った。「困った」という思いが走ったが引き下がれない。

会社に乗り込んでみると、効率経営とはほど遠かった。ぜい肉を落としてスリムにする必要があった。手を打ち始めた大内体制に抵抗したのは印刷現場。ベテランたちがストを打とうとした。大内さんも腹を決めて東京に向かい、取引会社と交渉して社員の派遣を依頼、三交代で代役に入ってもらうことで「なんとしても新聞は出す」決意を示した。

深夜、一人で不安にかられていた時、若手社員たちが面会に来て「私たちは社長についていく」と告げた。その中に印刷の専門家がおり、製作工程は動き始め、新聞は明け方に刷り上がった。通常より遅れたが、ともかく新聞は休むことなく出せた。経営は安定し、持ち直していった。社屋の前には掲示板が立っており、その日の新聞が貼り出してある。大内さんは「黒字になった時、記念に建てたのですよ」という。新聞社にとってのモニュメントである。

新幹線がもたらした変化

「盛岡タイムス」の発行部数は公称一万二千部。テレビ番組表が載り、全国ニュースのダイジェストも。全国ニュースは、読売新聞からもらっているが、体裁は一紙とれば十分という形。併読ねらいではなく、地元のニュースを細かく追いながら、必要な情報を届けるスタイルである。

大内さんは一面のコラム「天窓」のほとんどを執筆している。鉄道の時代は、文章を書く習慣はなかった。新聞社に来てから書くようになった。「天窓」は朝日新聞の「天声人語」や読売新聞の「編集手帳」に似たコラムだが、以前は奥寺さんが毎号書いていた。それを踏襲したかっこうだ。

テーマは地元に限らない。例えば四月二十五日付では山形・鶴岡市の加茂水族館の話がとり上げられている。この水族館はクラゲで有名、三十五種類を超えていて、展示数世界一を誇っている。「クラネタリウム」の呼称もあるほどで、拡張話が持ち上がった。

ところが財源がなく「クラゲドリーム債」を発行した。なんと二十分で三億円分は完売。大内さんは鶴岡市の公式サイトでこの話を知り、執筆したが、心の内は「盛岡でもやればできる」といいたかったに違いない。「行政の知恵の力と、市民のわくわく感が共鳴し合った成果なのだろう」と締めくくっている。

三面には、やはり大内さんによる「鉄道140周年の興隆」が載っている。四月二十五日付で連載三十五回目である。盛岡は国鉄のころから鉄道の要の地であった。盛岡出身の歌人・石川啄木は、盛岡から上京して上野駅に降り立っただろうし、平民宰相原敬はひんぱんに往復していた。原は、選挙区である故郷に戻ると自宅に後援者を招き、「直利庵」からわんこそばを取り寄せ振る舞ったという。わんこそばは、冷麺やじゃじゃ麺と並んで盛岡の名物になっている。一九八二年には、東北新幹線が大宮から盛岡まで開業し、さらに新青森まで延伸した。最も速い「はやて」に乗ると、東京から二時間ちょっと。大内さんは「盛岡は新幹線で変わりました。北東北の玄関になりましたね」と語る。

「鉄道140周年の興隆」は恐らく単行本になるだろう。大内さんはすでに自社から七冊の本を出している。「いわて鉄道百年」「岩手公園百年の歩み」「太平洋戦争、人物伝」等である。三八年生まれの七十五歳。「年寄りがのさばっていると思われているかもしれません。引き時は考えているのですが」と相談するような口ぶりに、当方は「社長が陣頭指揮している姿が見えます。書けるうちは遠慮しなくてもいいのでは」と申し上げたが。

「人物観光」の地・盛岡

県紙のお膝元で存在感をどう出すか。大内さんが経営を引き受けて手を付けたのは、紙面の充実。そのための設備投資であった。カラー化を進め、輪転機を一台増設して四台にし、八ページ体制にした。いずれも情報を迅速に、より多く載せるための対策であった。キメ細かなニュースによって、県紙と遜色ない紙面を提供しようとしたのだ。

県紙のエリアは盛岡だけではない。広い県下の村まで対象にしている。盛岡圏は東京との直結度が大きく、都市的生活者の比率が高い。高齢化が進んでいるといっても、県下の他の市町村に比べると現役世代が多い。こういう背景を考えた時、どんな特徴を打ち出していけばいいのか。

大内さんは「歴史と文化に関する記事の充実」をあげた。盛岡は偉人の輩出地区である。宮沢賢治は花巻の出身だが盛岡中学を卒業している。首相は原敬のほか米内光政。新渡戸稲造や野村胡堂、金田一京助。もし人物観光というジャンルができるとすれば、盛岡はかっこうの場所だろう。人物たちの博物館があるし、ゆかりの施設、跡地にも出会う。

啄木の歌に「教室の窓より遁《に》げてただ一人かの城跡に寝に行きしかな」がある。城址は盛岡城のことである。啄木が授業をさぼって昼寝した場所。盛岡を歩くと多くの歴史的人物に会える。大内さんがせっせと戦争や鉄道の歴史を連載するのも、アクセントをつけようとする試みなのだろう。

大内さんは「これもウチで印刷しています」と二つの新聞を広げた。「日刊青森建設工業新聞」と「復興釜石新聞」。「復興釜石新聞」には「負げねぞ釜石!」のスローガンが入っている。

釜石には夕刊の「岩手東海新聞」があった。四八年の創刊で、エリアは釜石、宮古、大槌、山田の二市二町。一万四千四百の部数を持っていた(「日本地域新聞ガイド」)。創刊の一つの目的は、国鉄釜石線の全通を実現するためだったという。新日鉄釜石の社員たちに読まれ、社長の金田弘子さんを中心に続いてきたが、大震災で社屋は水に浸かり、壊滅的な打撃を受けた。エリアも被害の大きい地域ばかり。直後、社長は再建をあきらめ、廃業することにした。社員たちは全員解雇になったが、約二十人のうち十一人が大内さんを訪ねて来た。「新聞を続けたい。新聞が好きなんだ。力を貸してほしい」。「盛岡タイムス」に頼ったのは大内さんが二度ほど見舞いに行っていたからだ。

調べてみると、震災関連の雇用や広報に補助の制度があることがわかった。そのシステムを利用して、週二回（水・土曜）発行している。市の広報を兼ねており、全戸配布のフリーペーパー。釜石で十一人が編集、業務に動き回り、盛岡で刷った新聞はワゴン車で約二時間余りをかけて運ぶ。釜石では百四十人の主婦が待ち受け、各戸に配達する。

紙面には復興の文字が躍っている。「にこにこ農園オープン」「キクコウストア釜石小川店オープンへ」……確かな足取りが伝わってくる。補助の期限は二年、いずれ自立を求められる時がくるが、「復興」がとれたあとも続いてほしい。「負けるな　釜石！」新聞に至上の愛をこめたメンバーに勝利あれ。

「復興釜石新聞」の題字

NEWSPAPER 09

富士ニュース

【ふじにゅーす】
静岡県富士市、富士宮市等
一九四六年二月二十一日創刊
月額購読料金：九百二十七円（朝刊のみ）

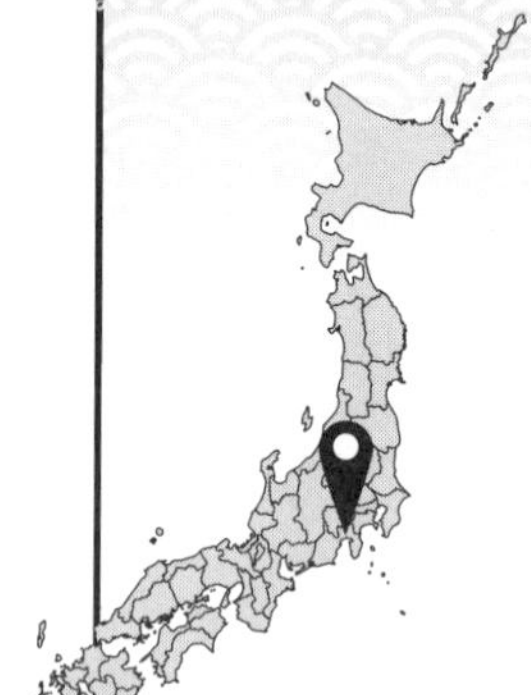

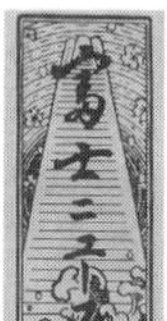

『リベラルタイム』2013年9月号掲載

富士山が世界文化遺産に登録され、喜びにわく静岡・富士市。「富士ニュース」でも当然、報道しているが、我先にではなく、あくまで地元にしかできない記事をつくるというスタンスだ。

静岡・富士市は人口約二十六万人。製紙の町であった。ということは新聞の町でもある。富士市には郷土紙が三紙、隣の富士宮市にも二紙、健在と聞いた。その中でも歴史が古く、部数も多い「富士ニュース」を取り上げる。富士山、世界文化遺産に登録へ――のニュースが全国紙、県紙の一面を飾った直後、本社を訪ねた。

地元の受け止め方に重点

富士ニュース社は有限会社である。応対してくれたのは、統括本部長の小串公仁《おぐしきみひと》さん。社長は父親の小串勝征《おぐしかつゆき》さんだが、電話で取材を依頼した時、「若いのに任せているから」とのことであった。

公仁さんは四十歳。富士市に戻って来て九年になる。米ロサンゼルスから車で一時間ほどの町、アーバインに住んで、カリフォルニア州立大学フラートン校で学んだ。ITにくわしく、日本に戻ってからシステムエンジニアを四年。以前から電子化をどう進めるか、新聞社の相談に乗ってきたし、手伝いをしてきたが、もう一歩進めるのはこれからである。

一九四六年の創刊。祖父の小串貫次《おぐしかんじ》さんは静岡新聞の記者だっ

統括本部長の小串公仁さん

たが、独立して「富士ニュース」を創刊した。二〇〇六年に創刊六十周年を迎えた。同年の二月十九日付は記念号になっている。貫次さんは「真実と社会正義の報道」を信条にした。一九四六年といえば、戦争に敗れて混乱が続いていた。物資不足の中、工業用のメチルアルコールを飲んで七人が死亡するという事件が起きた。お酒が飲みたかったのだろう、医師から買い取った男が転売して、居酒屋等に出回り、死につながった。貫次さんは静岡新聞時代の人脈を生かし、社業を伸ばした。最初は旬刊《じゅんかん》紙だったが、タブロイド判の週刊紙になり、日刊紙に成長した。ページ数も二ページから四ページ、さらに八ページと増やしてきた。

勝征さんが父の死去によって社長を継いだのは、七四年。以来、四十年近く社長を続けている。この間に新社屋の建設、輪転機の導入、カラー化、デジタル化、ｗｅｂ事業部の設置等の手を打ってきた。三年後には、創刊七十周年を迎える。

現在の公称部数は二万六千部である。「静岡新聞」「毎日新聞」の販売店に預けて配達してもらっている。併読紙の立場を堅持する。県紙の取り扱わない、さらに細かい記事を拾い上げる。例えばスポーツ。高校までは県紙が扱うが、中学校の対抗試合となると普通は取り上げない。「富士ニュース」は中学校の大会、さらに学童の試合を追っかける。富士発の全国ニュースで県紙に対抗しようという気はない。

富士山の世界文化遺産登録も、フォローはするが、目の色変えて……の感じはなかった。登録決定へのニュースは、同紙では五月二日付に載っているが、東京の全国紙は五月一日付に載っていた。地元では号外が出た。飛び込んできたのが朝刊に入らない時間だったので一日延びたのだが、おっとりしている。

載っている面も一面ではなく、七面のトップ。公仁さんは「全国紙や県紙と同じことを載せるのではなく、地元がどう受け止めたか、に重点をおいて報道します」という。今回も富士市長、富士宮市長の談話を丁寧に入れ、東名高速道路のハイウェイオアシス・富士川楽座に、お祝いのボードが設置された――のニュースを三段で伝えている。

観光地化が急務

いかに身近な記事を拾い上げているか、紙面で見てみよう。一面は組み写真ものが定番である。富士山の世界遺産登録が一面ではなく七面にいくのも、この定型を崩さないからだが、五月一日付は、一面が「富士山の恵み後世にも　ブナ林創造事業　自生種苗木２４００本を植樹」で、二面には「富士が２冠目獲得　富士中央ＬＣ杯中学サッカー」。中学のスポーツをとり上げている。八面のトップは「入山瀬公園のＳＬ清掃」。実施したのは東海旅客鉄道ＯＢの富士支部。このＯＢたちは旧国鉄、ＪＲ東海を退職した人たちで結成され、年四回清掃奉仕に取り組んでいる。こういった支部の活動ま

富士ニュース
ブナ林創造事業
自生種苗木2400本を植樹
富士山の恵み後世にも
富士ニュース
平常心

5月1日の紙面。富士山関連のニュースが日常的に掲載される

でフォローするのは郷土紙ならでは。

他にも、大衆演劇の劇団「井桁屋《いげたや》」の公演を紹介しているのも目を引く。この劇団は富士市、富士宮市を拠点として活動しているらしい。昨年四月に「伝統文化を守ろう」と旗揚げした。

こういう記事を読むと、町の雰囲気がうかがえて楽しい。清水次郎長ゆかりの東海道、大衆演劇が昔から盛んだったのだろう。「旅行けば……」の虎造節が聞こえてくるようだ。四月三十日付には中学よりさらに低学齢の学童野球の記録が載っているし、「対局を楽しむ　年金受給者協会が囲碁大会」の記事。腕前ごとにブロック分けされたA～Dブロック別の一位から三位までの名前も載っている。七人の記者は学校、公民館もまわる。

何日分か読んで、やはり富士山のニュースが多いのに気づく。大ニュースはあっさりしていても、日常的に富士山がらみの出来事が多いのは当然か。「富士市山岳救助隊が総会」や「富士山百景写真展が開幕」「富士山滑落相つぐ」といった具合。地元の信金が世界遺産登録で定期預金を募集し「利率は0・223《フジサン》」の記事もある。富士山は日々ニュースを生み出している偉大な山であることが、紙面を追っかけるうちに認識される。もしこの山なかりせば、町ダネは激減するのではないか。

富士市では日々ホームページで富士山の姿を伝えている。観測を開始したのは一九九〇年五月。市庁舎八階から毎日八時、十二時、十六時の三回。富士山を上部、中央部、下部に分け、目視で①「全体が見えた」②「一部が見えた」③「全く見えない」に分類し、データを掲載している（市役所の休日はカメラで記録）。

二〇一一年の報告書によると「全体が見えた」は百四十八日、「一部が見えた」は六十七日、「全く見えない」は百五十日。「全体が見えた」が多いのは十二月、一月。逆に少ないのは六月、七月である。年別に目立った傾向はない。「全体が見えた」日数の最も多いのは一九九四年、九五年で百四十九日。二〇一一年はこれに次いでおり、大気が汚れているのではなく、その年の天候次第といえる。

ただ富士市に住んでいる人に「毎日、富士山が見えて幸せですねえ」と聞いても「ええ、まあ。いつも間近にあるので、特別な気持ちはありませんが」という答が返ってくる。日常ありふれた存在だが、最近世界遺産の話が盛り上がってきて、意識し始めたといえるだろう。

「富士ニュース」の本社は岳南鉄道「本吉原駅」に近い。かつて大昭和製紙吉原は、都市対抗野球の強豪であった。吉原町は富士市と合併して町名は消えたが、大昭和も合併して社名は消え、工場は縮小している。「富士ニュース」の裏にはミヅホ製紙があったが、全体に紙の生産量は大幅に減っているようだ。製紙の町の呼称は死語のようになり、今後は富士山を中心にして観光で生きようとしている。

公仁さんは「通過ではなく滞在客を増やしたいが、ホテルが足りない」と話す。不足しているばかりに、観光客が他市へ通り過ぎていく。宿泊施設の増設が急務だが、おいそれといく話ではない。観光客の受け入れ、とくに円安で外国人の増加が見込めるいま、長期計画が必要になってくるだろう。

他紙に迷惑をかけない姿勢

併読紙と位置づけているから、全国ニュースを扱わないし、テレビ番組表を載せない。静岡新聞と共存していく道を選択し、ニュースも県紙レベルより、地域性の強いものを扱う。その原則を踏み外さないできた。

公仁さんが次の手として考えているのは、電子化である。彼は、システムエンジニアとしてその技術を磨いてきた。東京や静岡、掛川等に在住している人、海外にいる人、富士市や富士宮市等に縁のある人で、希望する読者に有料で配信する計画だ。「津山朝日新聞」では実際にスタートしているし、日本経済新聞や朝日新聞の先例があるが、若い郷土紙の経営者たちは、次の方向を電子化にかけて模索している。地元の新聞店や県紙に迷惑をかけない経営でもある。

富士市の町を歩いたが、この日は富士山の「全く見えない」日であった。一一年には百五十日、四一・一%がその日に当たった。目についたのは「つけナポリタン」ののぼりである。吉原商店街にはとくに多い。パンフレットに載っているだけで十八軒。トマトを主体にしたスープに、麺をつけて食べるのだが、つくり方は店によって違う。麺の中に具材がふんだんに入っているのも特徴である。

二軒まわったが一軒は閉店で、一軒は売り切れ。やっと開店していて駐車場のある「御幸屋《みゆきや》」に入った。スープはトマト×豚、ホタテ、シイタケ、具材にはアサリ、桜エビ、アスパラ、玉ねぎ、しめじ、豚バラ、チーズ。並が七百五十円、大盛りが一千円。オリジナルの麺で、中華風とパスタが混在している味、ボリュームがある。具材の多彩なのも量感を生み出している。

「つけナポリタン」が誕生したのはテレビ番組「チャンピオンズ」（テレビ東京）と商店街のタッグマッチ。つけ麺で有名な「めん徳二代目つじ田」の辻田雄大さんが考案した。「つけナポリタン」の定義は、トマトをベースにしたＷスープ、麺とスープは別々の器に入れたつけ麺、トッピングは自由。Ｂ級グルメとして、のし上がってきたらしく、いまや東京、名古屋、静岡、春日部等にも広がっているようだ。

六月二十二日、カンボジアで開かれたユネスコの委員会で富士山の世界文化遺産登録が決まった。「富士ニュース」も二十三日付一面トップで報じた。しかしニュースは前文のみで、コラムを五つ掲載した。

その一つには「毎日、目にしている富士山だが、お膝元から離れた場所で『富士山だ』の声を聞くと、誇らしさを覚えるのは山麓に暮らす者の特権。だからこそ富士市、富士宮市をはじめとした環富士山地域の住民は、環境と景観保全に取り組んでいる。世界遺産登録は〝保全〟が目的であるためだ」と書く。

公仁さんに「お祝いムード」を聞くと「吉原の商店街で、つけナポリタンを２２３《フジサン》食配ったそうです」とクールであった。世界から押し寄せる観光客、日本の宝をどうして守るかが課題として重く迫っているようで、浮かれた気分にはなれない。コラムの論調が淡々としていたのも、そのせいだろうと受け止めた。

NEWSPAPER 10

島原新聞

【しまばらしんぶん】
島原市、南島原市、雲仙市
一八九九年八月二十五日創刊
月額購読料金：一千三百円（朝刊のみ）

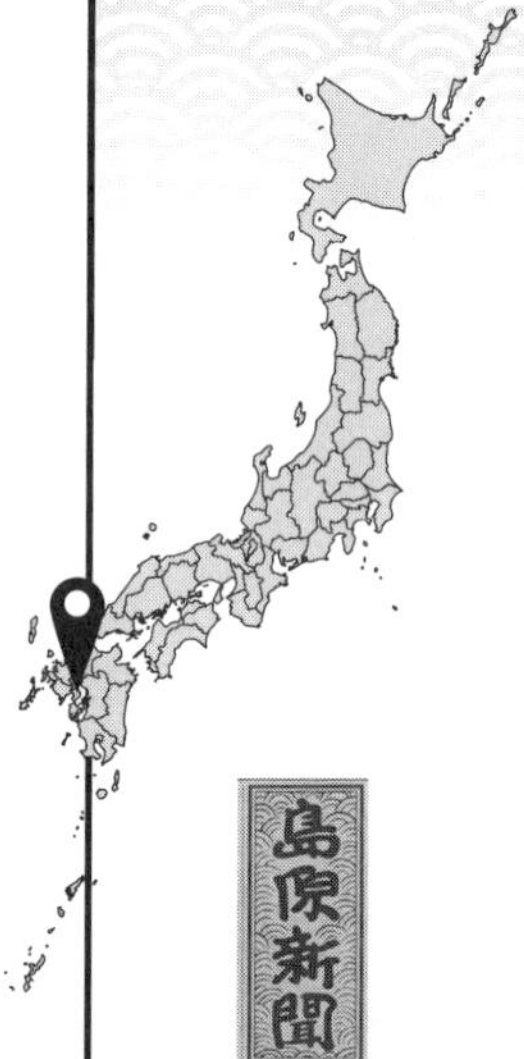

雲仙・普賢岳の噴火、震災、台風、水害等、
歴史を振り返ると、
多くの自然災害に見舞われてきた長崎県島原。
その島原の風土が、郷土紙を不可欠なものにしている。

『リベラルタイム』2013年10月号掲載

「島原新聞」は一九九九年八月二十五日、創刊百周年を迎えた。今年は百十四年になる。島原半島に根を下ろした新聞はケーブルテレビ、コミュニティFMに幅を広げ、互いを連携させながら、半島を貫く太い流れを目指す。そこには半島が育んできた独自の歴史と共同体意識が見え隠れしていた。

土着性の強さ

新聞を始めたのは現社長、清水強さんの祖父・繁三さんである。東京専門学校（早稲田大学の前身）を出て、佐賀県伊万里の裁判所の書記官になったが、上司とぶつかり故郷で「開国新聞」を出した。明治期、言論にかけた青年の意気が伝わるような紙名である。一九一三年「島原新聞」と改題し、太平洋戦争中は軍部の一県一紙政策で統合されたものの、戦後いち早く復刊、現在まで続いている。

百年記念号には、当時の早大総長、奥島孝康さんが寄稿している。奥島さんは現在、日本高等学校野球連盟会長をしているが、島原の出身かなと思って読んでいくと、清水家が「典型的な早稲田一家ということになります」という繋がりらしい。現社長も、今回の取材で対応してくれた専務の清水真守《まもる》さんも、早大の卒業生。明治期、

専務の清水真守さん

薩長閥に対抗して在野をかかげた大隈重信の精神は、島原に脈々として生きていた。

この地で頻繁に出てくる名前は、宮崎康平氏（一九一七〜一九八〇）。『まぼろしの邪馬台国』の著者で、盲目の歴史家。ベストセラーになり映画化された。「邪馬台国＝島原説」は一般にも知られるが、この人も早大卒。「私ら九州の者は郷里の遺跡と文化財と風土を真剣にみつめ、いまこそねじ曲げられた邪馬台国への道と、一部の学者によってもみくちゃにされた歴史のページを国民の手に取り戻し、自由な者たちの手でそのしわをのばそう」（同書「はじめに」）と書く。強烈な土着性を感じさせる。東京を向くのではない、長崎を向くのでもない。土地にのめりこんで独自性を主張するエネルギー、彼は「島原の子守唄」を世に送り出した人でもあった。

「島原新聞」の紙面は通常二ページ。新聞紙一枚の表裏である。当然ながら地域のニュース満載。企画らしいものは、ＦＭしまばらとカボチャテレビとのタイアップ記事と「方言島原ことばあれこれ」。方言は七月四日付で三十五回を数えているが、船津地区周辺のことばを、江川照男さんを代表とする委員会（各地区の町内会長が実行委員）がまとめたものだ。

冊子にもなっており、方言はなんとも多彩だ。この地方の訛りの特徴は「が」が「の」に、さらに「ん」と変化していくこと。「手が痛い」→「手の痛か」→「手ん痛か」といった具合。子どものことを「いが」とよぶのは「ガキ」のような使い方だろうか。この方言を使って地元の人同士が話していたら、さっぱり理解できないだろう。「島原新聞」は方言を見直し、方言をもっと使おうといいたいようである。

司馬遼太郎さんは『街道をゆく——島原・天草の諸道』で、島原の乱により「大地が空になり他から国家の命令で入植した、各地の言葉が、集落ごとに方言として定着した」ことを、何カ所かで叙述している。

方言といえば、河豚《ふぐ》は島原半島のほぼ全域にわたって、「がんば」である。死ぬ覚悟で「がん（棺）ば用意せい」といいながら食べるために、〝がんば〟というのだ。島原新聞専務の清水さんは、河豚のことをあえて「がね」と呼んでいた背景を次のように語った——。島原では庶民も河豚を食べていた。武士が「こんな美味なものを口にしてはいかん」と禁止したが「かに（島原では「がね」）でございます」といって秘かに食べ続けた。いまも島原では、河豚は高価なものではなく、庶民の食べ物であるという。

ある時期まで、人気の欄があった。救急情報である。誰がどんな病気で、どの病院に運び込まれたか——を掲載した。風呂場で転倒して腰を打ったとか、喉に物が詰まって大騒ぎ、といった話が載るのだから、住民には最高の情報である。興味本位もあったろうが、「あの家は大変だから手伝いに行ってやろう」という互助の気持ちも働いただろう。こんな情報が堂々と新聞に載るのは島原らしい。これまで全国の地域紙をまわっているが、過去にもこの種の欄にはお目にかかったことがない。

プライバシー保護がいわれる現在、この欄は存在していないが、島原らしさは「共同体意識が個人意識を呑み込んでいる」と説明したらいいのか。気質としてのおおらかさ、こだわりのなさが、この欄を生み継続させたともいえる。

災害との闘いの歴史

島原半島は、災害とともに歴史を刻んできた。台風や水害、江戸時代には地震、津波も経験し、雲仙に連なる火山は爆発を繰り返し、火砕流や火山灰の被害をもたらしている。

「島原新聞」は、島原、南島原、雲仙の三市をエリアとし、部数は一万五千。シェアは市内で五〇%くらいになるという。明治期から安定して続いているのを見ると、災害との関係も感じずにはおれない。百周年の前年、一九九八年に九州大学出版会が出版した『災害都市の研究』では「島原というコミュニティは三重の構造」を持っているとし、①集落・旧町村を中心とする生活共同体、②行政都市としての市、③島原半島文化圏に分けている。

このうち①③の強力なのが特徴だろうか。同書は「旧島原藩を背景とした、島原市を越えたより広い地域的まとまり」に注目しているが、軸となっているのが地域紙といえる。東

本紙創刊100周年
島原新聞
特集号
島原新聞創刊百年を祝う
早稲田大学総長 奥島孝康
一時は久留米にも進出
全国的にも極めて稀
戦争中は一県一紙に

1999年8月25日の100周年記念号

日本大震災でも地域紙の役割が見直され、その活躍は全国紙やテレビでも紹介された。何回か大災害に見舞われた島原半島で、「島原新聞」が世紀を超えて支持されているのを目の当たりにした時、地域紙の活路がそこにあると思うし、地域紙空白区に、その必要性を説く足がかりになるかもしれない。

記憶に残っているのは、九一年の雲仙・普賢岳の噴火による火砕流、土石流の被害だろう。警官、報道関係者、火山研究者等、四十三人が犠牲になった。麓は土石に埋まり、小学校が焼失した。清水さんは「大変でした。陸の孤島になって、販売店まで新聞を届けるのに片道二時間くらいかかった。それでも休刊しないで、記者三人で取材もやめなかった」。徹夜が続いた。車で走るが灰が降り積もってワイパーが動かない。それでも部数は落ちなかった。人口は一割ほど減ったが維持できた。

清水さん自身にも「もし」の思いがある。ケーブルテレビを始めたばかりで、前日、センサーを張りに行くのに同行すると約束していた。普賢岳の麓だったから、山がどんな状況か取材がてら、と考えていた。「火砕流がどんなものかよくわかっていなかった。灰が降り始めていたので、様子を見ようと思って」。ところがその日、目をさますと大雨。声をかけた人も「この雨じゃ、中止だね」ととりやめた。「もし現場に行っていたら、確実にのみ込まれていました」。清水さんは命が助かっただけでなく、この災害を乗り切って大きな自信と教訓を得た。半島を貫くメディアの価値を認識した。

他メディアとの連携

九一年、大災害の直前にケーブルテレビ開局、二〇〇七年コミュニティＦＭ開局。二つの電波とも清水さんが経営にあたった。テレビが早々に取り組んだのは、市議会の中継であった。人口五万人程度の市で、議会の様子をナマで茶の間に届けるのは、全国で初めてであった。実現したのは大災害があったからである。議会や行政の協力が得られたのも、住民の間で「復旧、復興がどうなるか」関心が高く、議会でのやりとりは見過ごすことができなかったからだ。

その伝統があるのか、新聞の紙面でも市議会の詳報を連日大きく載せている。七月四日付の一面トップは、市議会六月定例会の一般質問のやりとり。半分近くをさいている。ＦＭの開局には、普賢岳以後の災害情報をどう伝えるかの命題があった。いざという時に役立つのは、手軽に持ち運べて、電池を入れておけばどこでも聴けるラジオ。その思いがあって開局にこぎつけた。

前述の通り、「島原新聞」にはテレビ、ラジオとの連動記事も見受けられる。二面にはケーブルテレビ提供の「こぼれ話」の欄があるし、月一回、ＦＭとのコラボレーション企画でコラムがのっている。七月四日付には、病院の診療情報管理士で、重度の難聴者である女性が、難聴の子どものために補聴器購入の助成を求めて署名活動を始めた経験を綴っている。彼女の得た結論は「動けば変わる」であった。

かつては、テレビの対談番組でのやりとりを掲載したこともあった。メディア同士で相互乗り入れするのは面白いし、三つのメディアを同じ組織で経営しているからこそ可能だろう。清水さんにインタビューした日の夜、テレビ、FMのマーケティングディレクター・高木嶺一さんと話す機会があった。高木さんは東京の商社に勤めていたが、退職して地元に帰って来た。長年のビジネス経験を故郷のメディアのために生かせると、表情は晴れやかである。「島原の役に立てたらうれしいですよ」と言葉少なだったが、ここは島原である。思いがあふれているのは十分伝わった。

島原鉄道にもふれておきたい。情報の動脈を新聞が担っているとしたら、人の移動を受け持つのは、この鉄道である。普賢岳の噴火の時は線路が埋まって復旧まで時間がかかり、全国的に支援の輪が広がった。一九〇八(明治四十一)年の設立だから、新聞よりも九年新しい。この鉄道は半島を貫いて敷設されていたが、赤字が続き、現在は諫早駅~島原外港駅間の路線に縮小している。

島原は、一人に一台の車社会である。鉄道に乗る人が減ってきているのは、押しとどめるのが難しい。市議会でも島鉄の経営問題はひんぱんに取り上げられており、市では「昨年度の鉄道事業は約一億二千七百万円の赤字」と答えている。質問する方も、答える方も「鉄道はなんとしても残したい。観光の目玉である」という点で一致している。

時間の都合で鉄道には乗れなかったが、島原駅や南島原駅に行き、黄色い電車が発車するのを見送った。普賢岳の時よくいわれた方言「がまだす」(がんばる)が口をついて出た。「ゴトンゴトン」と走る音に「よかよか」と調子を合わせた。この言葉には「よい」と「いらない」の二つの意味があるらしいが、もちろん「いいぞ」の気持ちをこめた。

NEWSPAPER 11

北鹿新聞

【ほくろくしんぶん】
秋田県大館市、北秋田市、北秋田郡、鹿角市、鹿角郡
一九一八年十月八日創刊
月額購読料金：二千五十七円（朝刊のみ）

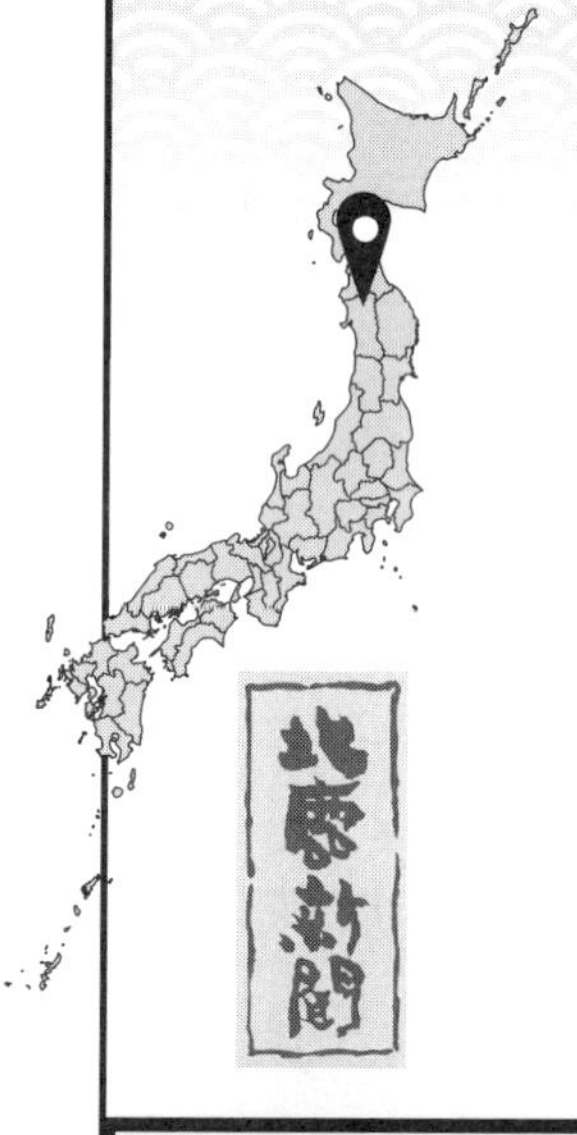

地元の情報を届けるだけでなく、北秋田と鹿角《かづの》を
一体化させる役割を担ってきた「北鹿新聞」。
地域の名望家が代々トップとして
独自のカラーを出している。

『リベラルタイム』2013年11月号掲載

埋めきれない藩間の溝

北鹿新聞の創刊は一九一八（大正七）年である。大正デモクラシーの高揚期、北鹿二郡（北秋田郡、鹿角郡）の地は「縣の北東に僻在し、山岳囲繞《いじょう》、交通不便、自ら文明の化育《かいく》を蒙《こうむ》ること常に遅々たるを免れず」（発刊の辞）であった。しかし、鉱山の事業がおこり、鉄道（国鉄花輪線）が貫通して、新聞発刊の機運が盛り上がった。本社のある大館はその後、町から市になったが北鹿の名前を守り、今日に至っている。

北鹿新聞には明確な役割があった。「北」と「鹿」の一体化である。大館（北秋田郡）は秋田藩の一角を占めていた。いっぽう鹿角は南部藩。岩手県に編入されるのが当然で、気質的にも秋田県とは隔たりがあった。ところが戊辰戦争が運命を分け、二つを同じ秋田県にくっつけた。

秋田藩は奥羽の列藩同盟から離れて官軍につき、南部藩は幕府軍について、官軍と戦った。結果は官軍が勝って明治政府が成立。秋田藩は官軍に組したのに目立った恩恵がなく、それどころか大館は城も街並みも焼失、何も残らなかった。「時代は読み切ったが、時代に乗り切れなかった」といわれる。政府は「申し訳ない」と思ったのか、鹿角を切り離し、秋田県にくっつけた。当時の感覚では岩手県に入るべき鹿角を、秋田に与えたのである。両者は生活も文化も異質なうえに敵対したのだから、融合は簡単でなかった。故に新聞の題字に「北鹿」とつけて、一体化しようという思いをこめた。

新聞のエリアは大館市、北秋田市、北秋田郡、鹿角市、鹿角郡の三市二郡。部数は大館市二万二千、鹿角市・鹿角郡二千九百四十、北秋田市・北秋田郡一千三百六十。大館では四軒につき三軒は購読している圧倒的なシェアを誇り、県紙も及ばない。一方、鹿角、北秋田はまだまだである。

創刊の推進役だった、鎌田四郎の宴席でのあいさつが残っている。「明治元年、秋田と南部は北秋田で戦った。このため北秋と鹿角は実に仲が悪く、敵同士《かたき》である。しかしここに北鹿新聞がある。恨みは忘れよう。仲よく手を携えて北鹿地方の発達に尽くそう。北鹿新聞を育ててもらいたい」(「北鹿新聞社九十年史」一部略)。席には南部人も混じっていた。

あいさつでは鉄道についてもふれている。「花輪線(盛岡〜鹿角〜大館)と北鹿新聞が両輪となって」の言葉があり、ヤンヤの喝采だったという。戦いを交えて百五十年近く、新聞創刊から九十五年が経過して、なお埋め切れないものがあるのか。藩という垣根がいかに越え難いかは、会津若松と萩の例でもわかるが、新聞としては大館以外の地の普及率を上げること、これが解決の道であった。このために不断の努力が必要で、この状況は変わっていない。

「オラホ」の新聞

応対してくれたのは社長(五代目)の佐藤祥男さんと副社長の木村正明さん。佐藤さんは慶應義塾大学医学部卒の産婦人科医で、大館北秋田医師会の会長である。医師会長歴は二十年になる。すでに電話で聞いてはいたが、きちんと日刊で新聞を発行している会社のトップが医師というのには、少なからずびっくりした。

木村さんは記者を経験し、編集局長を務めて、現在のポストについた。佐藤さんは「私は業務にタッチしない。月一回の昼礼で話すだけ」という。最近では家で犬を飼い始めた話をした。おかげで夫婦の会話が活発になったというオチをつけた。社員に対して個人的なことを話しながら、社会的な意味を持たせ、取材活動等の参考になるよう心がける。

佐藤さんの父親の民二郎さんも社長であった。三代目で二十一年間、同じように医師会長を三十一年間務めた。初代社長の泉茂家《いずみしげいえ》さんは、大巻鉱山を売却して四十六万円の収入を得たという富豪で、町長も務めた。俳人・河東《かわひがし》碧《へき》梧桐《ごとう》と親交の深かった俳人だ。二代目が野口民治郎さん。古い呉服商で、前垂れ精神でコツコツと財をなした素封家。四代目は田中昌さん。県議を連続七期、県会議長も務めた県政界の重鎮だった。

歴代社長を紹介したのは、この流れの中にこそ、北鹿新聞の特徴があると考えたからである。全て大館市内の名望家から選ばれている。会社経営へのかかわり方に濃淡があったが、新聞以外に本業を持ち、新聞は生え抜きにほとんど任せながら、ゆるぎない存在感を示した。

一九一九年、株式会社に切り替える時、十三人が集まった。社史は「当

社長の佐藤祥男さん（右）と副社長の木村正明さん

時の大館の実業家、政治家、文化人の代表格を網羅した」と記している。発足が住民あげての形になっていた。二〇〇一年十一月から〇六年一月までエッセイを連載し、「玉の林の閑話一題」として単行本にまとめた玉林寺住職・桑名秀明さんは、「オラホの新聞」と表現する。オラホとは東北弁で「私たち」の意味である。信望のある人物が社長につくのも、オラホが支えるから。オラホがついていくには信用がなければならぬ。名君とやり手の家老のコンビ、藩の続きと読めないことはない。これも一典型である。地域紙は地域を映しているから面白い。

「かかわらない」といっても、社長のカラーはにじみ出る。一一年七月八日付の新聞六面に「お茶の間クリニック」の記事がある。登場しているのは伊藤皮膚科医院の院長・伊藤勇さん。テーマは「金属アレルギー」。「最近は女性を中心にコバルト、ニッケルの陽性率が上昇している」と警告している。原因はピアスの普及。先生はメーカーに対する指導の必要性や、金属パッチテストの受診等を提案している。この連載は医師会の協力で六年間、毎月一回の割で続いた（現在は不定期で掲載）。

秋田県は健康面で不名誉な数字がある。ガンによる死亡率が日本一、自殺率が日本一。一方では学力テスト日本一の実績があるが、健康長寿にとって芳しくない数字は下げていきたい。原因の一つに塩分の摂り過ぎが挙がる。

佐藤さんは「県でも市でも、食生活の改善に取り組んでいる。自殺は減ってきているし、ガンは高齢化の割合が日本一ということも関係している」と見る。医師が順番に登場して、病気予防について述べるのも、ワーストを止めたいこの新聞の意志と受け止めていいかもしれない。長野県が「食改《しょくかい》さん」（食生活改善推進員）を県下に配置し、減塩運動をくり広げて平均寿命日本一を達成したように、秋田県も真剣である。

大館は県北に位置し、人口約八万人。かつては秋田市に次ぐ第二の人口を擁し、鉱山や木材（秋田杉）で栄えた。中核都市としてのプライドは高い。鉄道では弘前まで一時間足らず、バスでは盛岡まで二時間、花輪線で三時間、県をまたいだ経済圏、生活圏の中心的な立場、「県庁所在地なにするものぞ」の気概は消えていない。

一面は三種類

ブランケット十二ページは、併読紙の体裁ではない。エリア内に住んでいたり、仕事をしている限り、「この新聞を読まないと損をするぞ」の気迫がある。それだけの情報を盛り込んでいる。

地域紙には月曜休刊が多いが、「北鹿新聞」は新聞休刊日以外、休まない。テレビ番組の欄も充実している。最終の十二面にＮＨＫと秋田の三局、ＮＨＫ　ＢＳ二局と青森の二局の番組表が入り、九面にもＢＳ五局、ＡＭラジオ、ＦＭラジオ、ＷＯＷＯＷ、大館ケーブルテレビ等の番組表が並ぶ。スポーツ面も原則一面となっており、早朝に行う「早起き野球」の結果も載っている。

七月二十日付のスポーツ面トップは、秋田市で開催されたプロ野球フレッシュオールスターで、花輪二中出身のロッテ・木村雄大投手が好投し、優秀選手賞に輝いた記事。全国ネタでありながら、うまく地元につなげている。

発行部数にかなりの差はあるが、大館以外へ拡張しようという意欲は、地域ごとに一面を取り換える手法にうかがえる。同じく二十日付では一面トップが三地域によって違う。大館版は参院選で「きょう『最後の訴え』」、北秋田版は「16駅にセカンドネーム　内陸線誘客へ魅力をＰＲ」、鹿角版は「未来に繋げる農業を　東北、北海道の農業士　鹿角で研究大会」である。

北秋田、鹿角向けには、それぞれの地ダネでトップを張っている。参院選を押しのけて、地元優先を徹底し、一面の他にもう一面地域版をおく。部数の差を考えると、破格の手厚さといえる。創業以来の精神が生きているといえるし、「未だ一体成らず」の表れかもしれない。

大館には大火のイメージがあった。太平洋戦争後、大火を四回体験している。新聞の社屋は大正と昭和二度、焼失した。木村さんによると「地形的な条件によるところが大きい。フェーン現象が起きやすい」とのことだ。ただ一九六八年以降、大火は起こっていない。大火の後、道路幅を広くしたり、耐火建築に改めた。いま、とくに防火に力を入れているという印象はない。

北鹿新聞
2013年7月20日 土曜日
秋田選挙区
きょう「最後の訴え」
4候補 大票田の秋田市へ

北鹿新聞
2013年7月20日 土曜日
森吉山眺望「大仏様最寄り」
16駅にセカンドネーム
内陸線 誘客へ魅力をPR

北鹿新聞
2013年7月20日 土曜日
8月29、30日
未来に繋げる農業を
東北、北海道の農業士 鹿角で研究大会

7 月 20 日付の一面。右から大館版、北秋田版、鹿角版大館は、周りを山がとり囲む盆地である。山は秋田杉に覆われ、よく管理されて美しい。この風景に抱かれた市街が火に覆われる姿は想像しにくい。

最後に二つの事業を紹介しよう。

一つは川柳。たまたま川柳の先生が在住で、川柳の会があった。一九九五年、北鹿新聞は「川柳でユーモアのある街づくり」を掲げ、六カ所に投句箱を設けた。毎月四百を超える投句があり、紙面で紹介。月間賞を選び、年間で最多の受賞者を表彰している。川柳に力を入れる新聞は珍しいが、川柳は題材が自由で、批判精神に富み、ユーモアも必要だ。

もう一つは三百六十歳野球。四十歳以上が出場できる野球大会で、第一回大会の開催は五一年。まだ道具がそろわず、ひもじい時代であった。今年は七〜八月、三十五チームが参加し、三つの球場でくり広げる。最高齢は七十八歳。球場には看護師が常駐し、選手の健康に気を使う。ある年、高齢の外野手が守ったまま、ウトウトと眠りかけたことがある。投手の出来がよかったのだろう、球が飛んで来ないから、立った姿で船をこぎはじめた。

ここで一句。「快音に　ハっと目ざめる　老センター」。お粗末でした。

NEWSPAPER 12

紀伊民報

【きいみんぽう】
和歌山県紀南地方（田辺市、白浜町、上富田町、印南町、串本町など）
一九一一年二月十一日創刊
月額購読料金：一千五百八十円（夕刊のみ）
販売部数：三万六千部

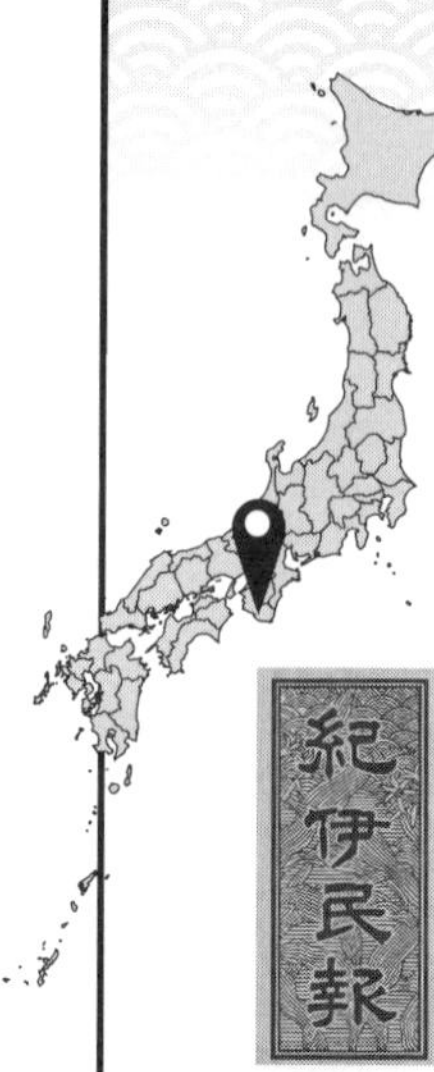

『リベラルタイム』2013年12月号掲載

新聞発行の盛んな土地で育まれ、
一昨年に創刊百周年を迎えた紀伊民報。
田辺市にゆかりのの偉人達が
地域の特徴を表している。

ＪＲ紀伊田辺駅（和歌山・田辺市）におりると三人の名前が眼前に現れた。「武蔵坊弁慶」「南方熊楠《みなかたくまぐす》」「植芝盛平《うえしばもりへい》」である。田辺市にゆかりの三偉人として看板が出ている。弁慶は説明の必要はなく、南方は熊野の自然を守った世界的な博物学者、植芝は合気道の祖。これに新宮出身の作家、中上健次を加えると輪郭ははっきりする。

共通しているのはゴツゴツ感と、純を貫く気のようなもの、ここは熊野古道の入り口である。世界遺産に登録されてブームは続いているのか、リュックを背負った外国人に何回も出会った。

新聞の盛んな土地

駅前に大きな書店が二つあった。両方ともに郷土出版のコーナーがあって、文学や歴史、自然に関する出版が盛んのようである。そのうちの一冊、あおい書店が発行した『熊野をめぐる文人たち』（熊野歴史懇話会）を読む。管野スガが入っている。

彼女は一九〇六年、「牟婁《むろ》新報」に入社している。「平民新聞」の堺利彦の推薦による。直前に荒畑寒村《あらはたかんそん》も入社。管野は三カ月勤めただけで京都に行き、寒村と同棲を始める。寒村は投獄されて同棲は解消、管野は幸徳秋水《こうとくしゅうすい》と結婚、大逆事件で死刑になる。

社会主義者として知られた二人が短期間とはいえ、田辺で発行していた郷土紙の記者をしていた。「莞《かん》爾《じ》として相抱いて情死をなす……是れ妾《わらわ》の理想なり」と、スガは論説で書いている（岩波新書『管野スガ』

絲《いと》屋《や》寿《とし》雄《お》著）。この土地が二人の社会主義者を受け入れ、思うところを書かせた。

日露戦争に勝利して国家の威光が高揚していた時期である。隣の新宮には同じく大逆事件で処刑された大石誠之助がいた。大石は伝染病研究のため、ボンベイ大学（現ムンバイ大学）に留学したほどの医師で、「牟婁新報」に寄稿するだけでなく、新宮支局長を兼ねていた。管野、寒村、大石、三人と「牟婁新報」のつながりは以前から気になっていた。

この地域には特異な気があるのか、独自の知的風土が形成されているのか。「紀伊民報」を訪ね、小山洋八郎社長に会った。一九一一年の創刊、二年前に百周年を迎えた。この新聞は二つの流れが合流している。

社長の小山洋八郎さん

一つは「紀伊新報」。一二年に小山さんの祖父・邦松さんが創業者の田中茂氏から継いで太平洋戦争まで。政府の新聞統制によって廃刊された。もう一つは、戦後まもなく衆院議員となり、自治大臣等を務めた早川崇さんが創刊した「紀州民報」。四八年、小山さんの父・周次郎さんが引き継ぎ「紀伊民報」として経営してきた。戦争をはさんで新報が民報につながった。貫いてきたのは「厳正中立」と「読者に親切」である。

百周年記念号のトップに石井晃編集局長が「真実の報道機関なり」「地方文化の尖兵なり」など五ヵ条の宣言と「厳正中立」「読者に親切」という社是を「二つの背骨」とうたい上げ、「良質な地方新聞の伝統を持つ知的風土」を強調している。地域紙が個性を競い合い、百年以上育っている伝統、この地には何かを感じさせるものがある。

三代目の洋八郎さんが一九七〇年に戻って来た時、田辺には地域新聞が四社あり、新宮には二社、御坊には二社あった。「新聞発行の盛んな土地でしたね。文化の町でした」。おじいさんも俳句をよくし、高浜《たかはま》虚子《きょし》に師事していた。和歌山では県紙が育っていない。「和歌山新聞」があったが、昭和四十年代半ばにつぶれた。大阪に近いせいか、朝日新聞や毎日新聞が強かった。

「紀伊民報」は新聞協会に加盟し、ＡＢＣ協会にも入っている。一五年三月末現在の部数は三万六千部である。田辺でのシェアは七〇％、みなべ、上富田《かみとんだ》、白浜町でも六〇％前後を維持しているという。田辺では四紙あったのが、一紙だけ残った。

早川さんは青年代議士として中央で頭角を現すが、公私のけじめははっきりしており、新聞を手放したのも「厳正中立」を守るためであった。周次郎さんも県議をやったが「わしのことは書くな」といっていた。逆に中立のイメージは強まり、信頼されたのかもしれない。

朝日新聞に情報を提供

石井さんは朝日新聞で健筆をふるった人である。ただし和歌山の出身ではない。兵庫県有馬郡（現在は神戸市）生まれ。信濃毎日新聞を経て朝日に入り、大阪本社で社会部次長、論説委員、編集委員を務めた。

二〇〇四年に「紀伊民報」入りし、一面のコラム「水鉄砲」を書き続けている。

一〇年一月、「紀伊民報」は朝日と業務提携の契約を交わした。契約の内容は田辺市、みなべ町、白浜町等、一市七町の地域について「紀伊民報」が取材したイベント、街の話題等の記事を朝日に配信する、朝日は田辺市にあった支局を休止する、が骨子である。当日の朝日新聞は「今後、両社で相互に紙面価値を高めることに努めるとともに、朝日新聞はこれまで以上に地域密着の情報を読者に届けていく」と書いている。

地域紙が、全国や県全体のニュースを全国紙や通信社から受けるケースはあるが、逆の例は珍しいのではないか。石井さんは朝日の発行する『ジャーナリズム』(二〇一〇年四月、二百三十九号)に「夕刊紙『紀伊民報』の生命線」を寄稿しているが、その中で朝日との提携にふれ「朝日新聞にとっては(私たちがカバーする)和歌山県南部のニュース発信力が高まり、紀伊民報にとっては配信料収入が入る。双方にとってメリットのある提携である。(中略)全国紙はもちろん地域紙の今後の展開を考える上で、エポックとなる出来事だと受け止めている」と論じている。

ネットの普及でより多くの打撃を受けるのは全国紙や県紙の方だろう。地域紙はネットに載らない情報を、地べたをはうようにして集め、報じる。ネットの影響は比較的少ないが、地方での人口減はより厳しい。普及率は落ちなくても、絶対数が減っていくのだから経営は苦しくなる。石井さんが論文で力説しているとおりだ。全国紙、地域紙が役割分担をはっきりさせ、お互いがコストダウン・収入アップをはかったというのが、この業務提携だろう。

間に県紙がはさまったらどうなるのかは、わからない。和歌山に県紙が存在しないゆえに可能なのか。

この関係は全国に及ぶのか、あるいは和歌山県南部の特異例なのか。新聞はあらゆる可能性を模索して、大胆な手を打っていく段階にきているのは確かだ。

活字は追いつめられ、地方は衰退している。この二つを考え合わせると、残された時間はそれほどない。ただし絶望的ではない。石井さんは「生き残る可能性はある」と書いているが、地域紙は独自の世界を持っている。全国紙や県紙がネットの浸食を受けているのに対して、地域紙はネットがカバーできない分野を守っているのが強い。

残存する南方熊楠の精神

新聞の根源論に筆がすべっていくのも、田辺という土地のせいかもしれない。小山さんに「『紀伊民報』らしい記事は?」と聞いた時、即座に出てきたのは連載「木霊の物語」であった。今年八月四日付で二十八回目。「荒島神社のスギとヒノキ」（田辺市龍神村甲斐ノ川）をとり上げている。スギとヒノキが寄り添って立っており「夫婦《めおと》御神木」とよばれている。スギは高さ三〇m、ヒノキは二五mほどで、スギが夫、ヒノキは妻、二つの木

木霊の物語 ㉘

荒島神社のスギとヒノキ

（田辺市龍神村甲斐ノ川）

寄り添う夫婦御神木

8月4日掲載の「木霊の物語」

は根元でしっかりとくっつき、「間を通って参拝すると子宝が授かる」といわれる。

この記事は明治末期の神社合祀にふれている。三つの氏神をまとめて、一つの神社にした。当時の政府の合祀策に対して真っ向から反対したのは、南方熊楠であった。熊楠は県庁に出かけたり、政治家に頼んで国会で反対を述べてもらうが、大きな武器にしたのは新聞への投書、寄稿である。

『南方熊楠』大事典』（松居竜五、田村義也編、勉誠出版）によると「はじめて投稿したのは一九〇九年九月二十七日」で、「牟婁新報」に載った。その以前「海国時報《かいこくじほう》」に「鶏の話」を連載していたし、ミシガン滞在中、民権新聞「新日本」に投書したことがあるという。地域紙には馴染みがあったのだろう。「牟婁新報」のライバル紙であった「紀伊新報」にも投稿、合祀《ごうし》反対を実現するために徹底的にペンで戦った様子がうかがえる。同書は、投稿にとどまらず、記者になりすまして書いた記事も存在すると記している。

田辺地方では二つの新聞のほか「牟婁実業新聞」「熊野太陽」「牟婁報知」「牟婁新聞」の名前が出てくる、明治から大正にかけて、いかに多くの地域紙が並立していたかが鮮やかに見えてくる。熊楠は朝日や毎日にも文章を書いたが、地域の問題を地域の住民に訴えかける重要性を認識していた。熊楠は時に過激な行動に出て逮捕されたりするが、結局、神社の合祀、合併は一部食い止めたものの実施される。熊楠の反対論の根拠は、鎮守の森がすたれて環境が破壊されること、村落共同体が崩れていくこと等への怒りであった。いまも日本は同じ問題を抱え続けている。熊楠の新しさ、大きさを痛感する。

「紀伊民報」は出版も活発である。『虫たちの熊野』『熊野花草志』『田辺祭』等、自然や習俗を追いかけたもののほかに『紀伊半島にはなぜ原発がないのか』がある。サブタイトルは「日置川原発反対運動の記録」である。昨年四月、刊行された。

関西電力が日置川町（現在は白浜町）に原発を建設しようと地元に働きかけて十六年、住民の反対運動が強く、建設を断念した記録で、「紀伊民報」の記事を下敷きにしている。この本では一九八六年の旧ソ連、チェルノブイリ原発事故が転機になったと書いている。町が関電の事前調査を受け入れる直前にこの事故が起こり、空気は一変した。その後、反原発の町長が当選、議会の空気も反対へと移っていく。

東日本大震災以降「紀伊半島になぜ原発がないのか」という疑問が多く寄せられ、「どうして阻止できたのか」の声が続いた。その疑問に答えるために編まれたものだが、紀伊半島の生きる方向は再生可能エネルギーの開発を進め、自然を守って観光を盛んにすることとしている。

旧日置川町議、西尾智朗さん、旧日置町職員、冷水喜久夫さんの対談で二つの反省が述べられている。一つは地元の同意に関して「すべて数で押し切っていくことが正しい選択か」。もう一つは「周辺自治体を含めた広い範囲での同意が必要」。命にかかわる選択についてはねばり強く、息の長い活動が必要であり、その間、少数意見に耳を傾ける姿勢が求められる。この二つを結論と受け止めた。熊楠が田辺から発信し続けた思いと重なるのではないか。

NEWSPAPER 13

十勝毎日新聞

【とかちまいにちしんぶん】
北海道十勝市
一九一九年九月創刊
月額購読料金：二千五百七十一円（夕刊のみ）
販売部数：八万七千五百六十七部

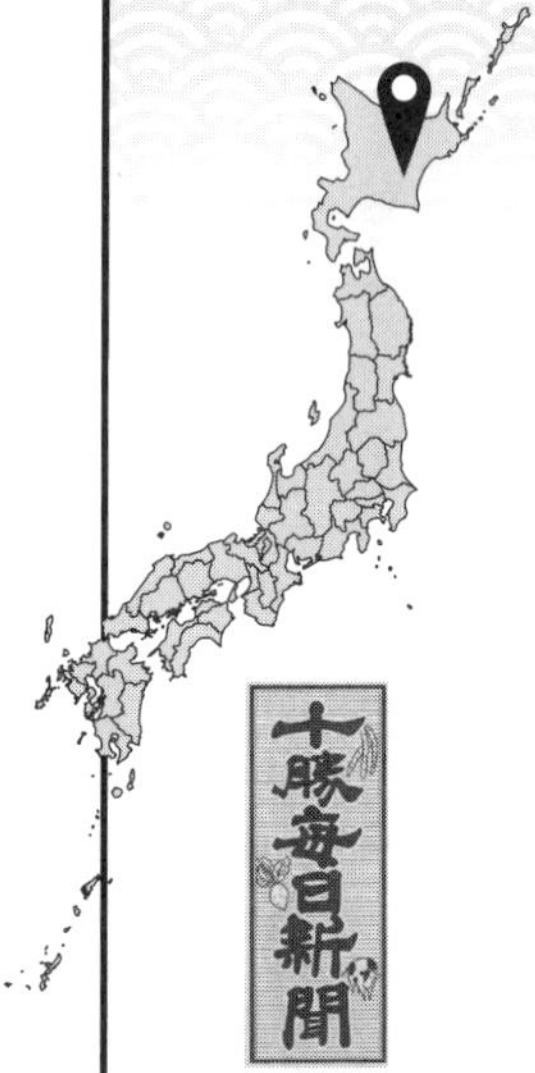

農業が盛んな十勝で農業を大きく取りあげ、
創刊から百年近く農民とともに歩んできた十勝毎日新聞。
会長の農業に対する想いと、社長の先見の力が部数を支える。

『リベラルタイム』2014年1月号掲載

びっくりしたのは本社の社屋だ。六階建て、横幅は五〇mあるだろう。屋上に箱型の塔が建ち「KACHIMAI」の文字、下には「OCTV」（帯広シティーケーブル）とある。全国の有力な地域紙はほぼまわったつもりだが、これだけの規模は初めてだ。地域における底力を見た。これは十勝のエネルギーがむっくり盛り上がっているのではないか。

十勝は日本最大の食糧基地である。かつて十勝ワインがあった。新しいことに挑戦する農業が広大な田畑、草原をうねっている。十勝の人は「我々の先祖は官に頼らず民の力でこの平野を開拓した」という。自立の気が横溢《おういつ》していた。戦後も補助の厚い米だけに依存しなかった。間隙《かんげき》をぬって多種の穀物、野菜、肉を生産した。

農民に寄り添う新聞

十勝毎日新聞社の林光繁会長は「十勝の農民は豊かです」といい放つ。新聞と農業が、一体であるかのように。一九一九年の創刊。当初は旬刊「帯広新聞」で二〇年、「十勝毎日新聞」と改題して日刊になるが、夕刊紙であった。夕刊にしたのは農民の生活に合わせたからである。日の出とともに畑に出て、日没とともに帰宅するのが農民のスタイル。朝、新聞を読む時間はない。夜に

林光繁会長（左）と林浩史社長（右）

なって初めて少々のゆとりができ、時間ができる。

題字には「豆」「ビート」「乳牛」のイラストが描かれている。十勝を象徴する産物だ。記事は農業情報が豊富だ。「農業に貢献する」を旗印に掲げて、傾斜することを恐れない。ただし主張はしないので「社説」欄はない。ニュースの扱いや寄稿で新聞の立場は汲みとれる。地域密着の精神から、新聞がリードするが、論を押しつけることのないよう細心の注意を払っている。

なかで立場が明確になっているのはTPP（環太平洋戦略的経済連携協定）に対して、である。どこよりも早く記者を韓国に特派し、米韓FTA（自由貿易協定）を追跡した。二〇一三年六月六日付からはじまった連載「TPPの先例は今」である。韓国の実態がTPPの先例になるとの思いから、レポートしている。

第一回は十勝と縁の深い畜産。第一回が載った段階ではFTAが発効して一年。見出しは「1年で1万7000戸離農」とショッキングである。韓国の畜産農家約十三万戸のうちほぼ一割にあたる。記事はこの数字を十勝に当てはめる。「JA十勝池田町の肉用牛農家が完全に姿を消す」と書いている。救済基金もつくられたが「あまりの少なさに農家は猛反発」、これでは誰もが「TPPも同じか」と思う。

九月十四日付からは「農の現場から①本別・井原牧場の場合」が始まった。一面トップを飾っている。この連載は井原牧場という家族で営む酪農業を通して、いまの農業を考えるものだ。農業に寄り添う新聞として力の入った企画である。

第一回に取りあげたのは家族経営協定。井原牧場は父親の井原伸治さんに始まり、二〇一三年で四十六年が経つ。一〇年に伸治さんから長男の宏和さんに経営が移り、父母、宏和さん夫婦、次男の克知さん夫婦の六人が働いている。三家族は同じ敷地に住んでおり、どうしても「なあなあ」になる。役割があいまいで、家事と業務の区分けもつきにくい。「ルール化しよう」といい出したのは宏和さんだが、その前に農家出身ではない二人のお嫁さんたちの問題提起があったらしい。

家族経営協定は自治体等が奨励し、締結すると制度上の優遇措置がある。北海道で締結は、二〇一二年に六千二百九十六件を数え、近年増加傾向にあるという。協定を結ぶと給与や休暇、役割分担等が明確になるが、農業は天候によって左右されるし、忙しさに波がある。「休暇だから」といって休めない場合があり得る。

紙面でも道農業会議事務局長や北海道大学の先生が「よく話し合うことが大事だ」と述べている。全体から感じるトーンは、農業を悲観的に見ないこと。農業の将来を肯定的に見通し、具体的な策を発信しようとしている。十勝では成功例がいくつも見られるようだ。サクセスストーリーを提示して、後に続く人たちに奮起をうながし、参考になる情報を提供する。記事の隅々にそんな配慮があると受け止めた。

農の現場から
本別・井原牧場の場合
3世帯で家族経営協定
責任明確化 意欲も喚起
なれ合い排除

9月14日掲載の「農の現場から①」

井原家の役割分担は宏和さんが餌づくり、克知さんが搾乳と繁殖、二人のお嫁さんは搾乳補助と子牛の哺乳、父親は全体をカバーし、母親は家事や孫の保育所送迎を担当する。井原牧場の搾乳頭数は約九十頭、町内の平均より少し多いくらいだが、宏和さんは規模をもっと大きくしたいと考えている。この連載はピンポイントで井原牧場を掘り下げ、全体に投影する手法をとっている。

私の現役時代、正月の企画でサーカスの一座に入りこんでルポをしたことがある。宮崎市で興行中だったが、もう一人の記者と二人で一週間ほど滞在した。特別のニュースがあった訳ではなく、ある時期を切り取って、日本の現実を知らせようというねらいであった。サーカスは子どものころ、田舎のテントの会場で目を輝かせて見た。いっぽうで「さらわれるぞ」と大人に脅された集団であったが、昭和四十年代半ばのその時に見聞したのは、タレントを夢見る乙女であったり、ひたすら曲芸を磨く若者の存在だった。

北海道新聞を圧倒

十勝毎日会長の林さんは創業者の林豊洲さんから数えて四代目であった。札幌で毎日新聞記者をしていたが一九七三年に戻って来た。取材やデスクも経験し、九二年から社長、二〇〇九年に長男の浩史さんに社長を譲り、会長になった。

インタビューには会長、社長のほか編集局長の近藤政晴さん、社長室長の能勢雄太郎さんも同席した。やりとりのほとんどは会長との間で行われたが、会長こそ、「勝毎」をここまで大きくした功労者である。主筆も兼ねているが、実力では読売新聞の渡邉恒雄さんのような存在だろう。会長は「私が戻って来た時、部数は二万三千だった。それがいまは八万七千五百六十七部」といった。十勝支庁の人口約三十五万人。シェアは六〇％を超えている。

北海道では北海道新聞が強いといわれる。この牙城を崩すのに、地域紙は苦労しているが、十勝においては道新の部数（夕刊のみ）は一万一千八百五十四。勝毎が圧倒している。道新を寄せつけないし、記事の量でも、全国ニュースのカバー度やテレビ欄の充実ぶりはヒケをとらない。「勝毎一紙とれば十分」というのはうなずける内容である。

特徴に「顔が見える紙面づくり」があげられる。両面の意味がある。一つは地域の人たちの名前・写真を可能な限り載せるようにしたこと。隣の人が誰か載っている新聞を目指した。もう一つは書き手が表に出た。ライターの名前を記事の後に書くようにしたのは、全国の新聞で一番早かったという。

特ダネを書いたり相手の嫌がることを書く時に、署名記事はやりにくいことがあるのでは、と思うが、林さんは「記事に親しみを感じてもらえたし、記者も書くことにより責任を感じ、意欲を高めるようになり、相互にプラスだった」と評価する。「顔が見える」紙面づくりは部数増にも効果的に働いた。

会長に「どうして部数が飛躍的に増えたのですか。ズバリ理由を教えて下さい」と聞いた。会長の答は突飛なものではなかった。王道である。他所の地域紙でも聞いたことのある中身であった。「地域のニュースの重視、徹底」である。スポーツは選手の名前をフルネームで入れる。順位もきちんと入れる。優勝したチームは全体が写った写真を載せる。完璧を期して手を抜かない。

林会長は「中央紙は拡材で部数を増やそうとするが、ウチは紙面で増やすことしか考えなかった」。商品で勝負する……当たり前のことだが、日本の新聞界は異常であった。「一年とってくれたら自転車がつく」ような販売合戦がくり広げられてきた。林さんはその闘いの渦に入らなかった。勝毎では新規の申し込み数は本社分が多い。販売店とは七・三の割合である。電話で申し込んでくるのである。

「まだ四〇%残っている」

林さんは「地域紙が増えるのは選挙の時だ」という。最大の盛り上がりは総選挙だろう。現在は新党大地代表である鈴木宗男さんが衆院選に初挑戦した時、中選挙区制の時代だったが、投票日直前まで情勢はスレスレであった。中川一郎という実力政治家の秘書をして顔は売れていたが、当確とまではいかなかった。勝毎は「当落線上」と書いた。他紙は「落選」と予測した。結果は「当選」し、「勝毎のデータは正しい」と評価されたという。

選挙になれば地元に長く住んでいる地域紙記者の読みが当たると思うのは普通である。だが地域紙にとって選挙ほど難しい記事はないともいえる。どこが強い、弱いとは書きにくいし、外れた場合のしっぺ返しも大きい。どうしても無難な書き方になるが、林さんは「記者の数が多い訳ではない。ただ一点に集中して調査することをやってきた」と話す。

会長が農業のことを話し始めると留まるところを知らない。十勝の農業がいかに進んでいるか、「十勝の一人勝ち」といわれるそうだ。農家は減っているが、率は低い。土地は火山灰地、牛のこやしで、質が高い等々。

四年前、息子の浩史さんが社長を継いだ。浩史さんはアメリカに留学し、カンザスの「ローレンスジャーナルワールド」紙で一年半働いていた。署名記事をいち早く取り入れたのは、浩史さんからのアドバイスであり、電子化が早かったのもアメリカの実例を見たからである。浩史さんは新聞の未来について「明るくない。いずれなくなることを覚悟すべき」といい、一方では勝毎について「まだシェアは六〇%、四〇%残っているのだから拡大の余地はある」と前向きに取り組む。

十勝に屯田兵が入らなかったのは自然状況が最も厳しかったからという説がある。明治時代、最初に入った晩成社の依田勉三は福澤諭吉の教えを受けた伊豆の教師であった。酷寒の中、山野を切り拓いた人たちは畑作、ハム、椎茸、乳牛等、事業を広げたが昭和七年、刀折れ矢つきて解散する（松山善三著『依田勉三の生涯』）。自立の旗を掲げた開拓魂は挫折したが、いまの十勝は依田の志の延長線上にある。家一軒見えない畑の間を走りながら、この土にどれだけの夢が埋まっているか、を思った。

NEWSPAPER 14

軽井沢新聞

【かるいざわしんぶん】
長野県北佐久郡軽井沢町
二〇〇二年七月創刊
年間購読料金：二千五百円（月一回発行）
販売部数：三万部

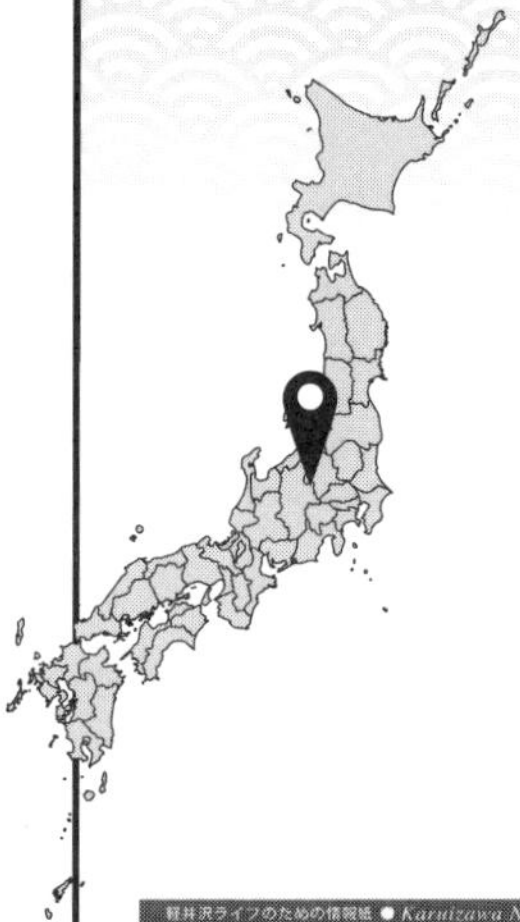

軽井沢ライフのための情報紙 ● *Karuizawa News Paper*

軽井沢新聞

『リベラルタイム』2014年2月号掲載

現在では、避暑地・別荘地としてのイメージが定着している軽井沢。もともとは外国人が空気と自然の美しさを求めて集った地であった。「軽井沢新聞」の編集長は、軽井沢の魅力を伝えるだけでなく、環境を守るために力を注ぐ人でもある。

「軽井沢新聞」の起こりはかわら版である。夏の間だけ発行する新聞であった。創設者・浜本幸之さんが毛筆で書いた字が、そのまま紙面に映し出されていた。浜本さんが亡くなった後、広川小夜子さんが引き継ぐ。アンノン族が木々の間をぬって歩いていた。

軽井沢の本当の魅力を伝える

広川さんが軽井沢に移ったのは一九七二年、浅間山荘事件が起きた年である。夫が軽井沢出身であった。東京で文章を書いたり、デザインをしたり、パンフレット等を製作していた。版下をつくるのが夫の分担。高度成長期、破壊と創造を繰り返していた東京から、空気のよい軽井沢へ。新聞発行と避暑のため、夏の三カ月だけ別荘にやって来る浜本さんの仕事を手伝っていた。

その後、広川さんはタウン誌を創刊。名前は「軽井沢ヴィネット」。名付け親はアメリカ人の女性宣教師で、「言葉で描写する」という意味だとか。「ヴィネット」を出した気持ちは、「単なるガイドではなく、軽井沢の深いところ、本当のよさを知って欲しい」。別荘族にも、観光客にも、東京に住んでいる人にも伝えたかった。

そのうちに新聞に対しても「ぜひ出してほしい」との要望が出てくる。夏

編集長の広川小夜子さん

期だけ発行されていた「軽井沢新聞」は月刊紙になり、広川さんが編集長を引き着いだ。二〇〇〇年以降、広川さんは軽井沢の自然環境を守る意志を、新聞と雑誌ににじませる。

「軽井沢新聞」は昨年七月号で、ビル・ゲイツらしき人物の広大な別荘工事をとり上げている。輪郭が見えてきた。ただこの号では主がビル・ゲイツと特定できていない。見出しは「IT長者の迎賓館?注目の別荘姿現す」である。

「軽井沢新聞」の追跡では、建築主は東京のペーパーカンパニーらしい。建物全体では六二三八㎡、地上一階、地下三階。小山のような山林を削って工事が進んでおり、掲載されている写真では地上四階建てのビルのように見える。

広川さんは「軽井沢の要綱では地上については階数の制限がありますが、地下については規制がない。そこを突いた建築ですね」という。地上は要綱を守っても、地下はやり放題で、規制がかからない。広川さんは毎号のコラムで要綱の欠陥を批判し、具体策を提起する。この号では「町の自然保護審議会に固定資産税を払っている別荘所有者が一人も入っていない」と書く。

南原地区では別荘の人たちが文化会をつくり、自主的に「環境宣言」を出してルールを守っている。「車は三〇㎞/h以下で走ること」「地区内に店は出さない」「ペットはイヌ、ネコ以外ダメ」「建物は二階まで」等。住民は必死の思いで自然を守っているのだと、広川さんはいいたいのだ。ビル・ゲイツ所有だとしたら話題性がある。軽井沢の名は世界中に広まるし、非難するいわれはないが、緑が削られることは我慢ならない。例え億万長者でも、軽井沢の風光を乱すのは困る。広川さんのコラムは一貫して自然保護を訴えている。

軽井沢は全てのものが、季節によって激しく上下する。新聞は夏の間、十二ページが冬になると四ページに減る。広告が集まらないし別荘の人たちが去って行く。ただし広川さんによると「最近の軽井沢は週末型。かつては夏季だけにぎわったが、土・日曜に人が押し寄せる」。店も冬の間は閉めていたのが、このごろは曜日を限定して開けている。

新幹線が通ってから増え始めたのは通勤族である。一時間ちょっとで東京に着くので、軽井沢に移り住んで、通う人が増えた。町は昔からの町民、別荘に来る人、新しく定住する人……その中には通勤する現役と定年で退職した人がいる。さらに観光客が押し寄せる。こちらは週末型が多い。四種類の人間が町を歩き、買い物や飲食をする。

年間を通じて観光客は約七百七十万人、住民は一万九千二百人。別荘は約一万四千軒。十年ぶりに軽井沢を走って目についたことが二つあった。一つは、そば屋が増えた。軽井沢そばの会会長で「ひょうろく」主人の内藤功次朗さんは「七十軒を超えた」と話している。農産物の直売所も増えた。農家がそれぞれ道端に店を出している。フレンチやイタリアンに合う珍しい野菜が並ぶ。若い女性に聞くと、軽井沢で朝食を食べるのがおしゃれだと。前夜に着いて一泊し、朝食を食べて東京に戻るのが知的な女性のスタイル。ならってパンケーキの朝食を食べた。色づいた木々を眺め、朝刊を読みながら。シニアにも悪くない。現役世代と違って時間はたっぷり。コーヒー、パンともにうまい。「朝食の町」は軽井沢の新しい姿である。

閲読率の高い新聞

「軽井沢新聞」（月刊）と「ヴィネット」（年三回）で、軽井沢のよさを前面に出していく編集方針は共通している。違うのは、新聞は無料（※）、「ヴィネット」は有料（八百円）。雑誌はきれいな写真が多く、デザインにも凝っている。部数（夏季）は新聞は三万部、「ヴィネット」は五万部、発行している。新聞はレストラン、スーパー、カフェや公共施設に置いてあるが、JRの駅ではサラリーマンが一部とってカバンに入れ、東京までの車内でじっくり読んでくれる。閲読率は高い。

年三回発行の「軽井沢ヴィネット」

もう一つ、ペイドパブのガイドブックとして割り切っている「軽井沢スタイル」（年五回刊）がある。広告料でまかなっており、広川さんは「『スタイル』に稼いでもらう。おかげで新聞と『ヴィネット』が出せている」という。「スタイル」の代表は息子の土屋勇磨さん。「ヴィネット」は娘の美愛さん。

経営のことを考えて、息子は「もっと広告を載せてよ」と要求するが、新聞編集長の母は「記事を減らすのはダメよ」とはねのける。娘がどちらに与するのかは聞き漏らしたが、広川さんの「軽井沢のよさを

※町内各所で無料配布。年間購読希望者には、送料・手数料込みで十二回分二千五百円で送付。

深く知ってもらうために（新聞と「ヴィネット」は）出している」という初志はぶれていない。

軽井沢ならではの醍醐味は、居住する人物の多彩さだろう。別荘に来るだけでなく、ホテルに滞在する有名人も多い。別荘には作家の堀辰雄、室生犀星、遠藤周作、北杜夫等がいたし、政治家では鳩山一郎↓由紀夫、田中角栄、中曽根康弘等。保養地として目をつけ、自身もこの地に別荘を建てたのは英国聖公会の宣教師A・C・ショーで、一八八六年を起点としているが、そもそもは、外国人が清潔な空気と環境を求めて辿り着いた土地であった。「屋根のない病院」「娯楽を人（女性）に求めず、自然に求める」といわれるのも、従来の歓楽街型観光地を拒否し、基調を健康・健全におく考え方からきていた。

帝国ホテルの社長だった犬丸一郎は軽井沢を愛した一人だが、著書『軽井沢伝説』（講談社）の中で「自然のなかであい集まって一夏を過ごしていたコミュニティの姿そのものが特別な印象を抱かせた」と書いている。

軽井沢の魅力は別荘に来る人たち同士のお付き合いにあった。互いの別荘に呼び合って、語らいや料理を楽しむ。優雅なお金持ちの世界といえばそれまでだが、そこに自由で、公平な言論、思考があったことは忘れてはなるまい。明治、大正から戦争までファシズムが吹き荒れる中で、一点、自分を開放できる空間があった。軽井沢に惹きつけられるのは景色に加えて、こういったコミュニティの伝統にあるのだと思う。

編集長は活動家

広川さんは別荘の人たちを数多くインタビューしている。どんな大物、大家でも別荘に来ると心を開くらしい。意外な一面を見ることもしばしばだった。遠藤周作をインタビューした時は二十分ほど待たされた。「いやあ、すまん、すまん」といいながら帰ってきた。買い物に出たが、予想外に時間がかかった。別荘地では建物との間に距離があり、「近い」といっても「遠い」ことがある。

「こっちには仕事を持ってくるのだが、北杜夫が近くにいて、すぐ誘い出して酒を飲む。仕事がはかどらん」とぼやいていた。「空気がいいせいか酒は進むし、昼寝をしてしまう。おかげで原稿は書けんなあ」と話していたそうだ。広川さんはフランス文学者の朝吹登水子や尾崎行雄の娘・相馬雪香、緒方貞子、三人の女性には自立の精神を学び、忘れ難いという。堀辰雄の妻・多恵子とはじっくり話ができた。

軽井沢を都会と思い込んで来る人がいる。広川さんにいわせると「ここは東京じゃない。自然の中にあるのです」。クマも出るし、キツネも出る。クマは人間の住んでいるところまで下りて来る。人間の捨てた食べものを食べ、病みつきになるのもいる。都会のつもりで住んでいると問題も起きる。「軽井沢新聞」は特集を組んで野生動物との共存を目指している。一人ひとりが自分を守ると同時に、町全体で対策を練ることの必要性も強調する。

一昨年は町やボランティアの協力で、クマの出没はゼロだった。ＮＰＯ自然保護団体「ピッキオ」が根気よくクマを調査し、発信器をとりつけた。約二十頭のクマがどこをうろついているか、人間が掌握できるようになった。人家周辺をうろつくクマは、いち早くつかまえて、お仕置きをして山に帰す。人間の食べものが病みつきになって繰り返し出没するクマは可哀想だが、薬殺する。こういう地道な努力で「ゼロ」の成果が出た。

広川さんは編集長だが、地域の活動家の顔も持っている。例えば別荘族の集まりである、別荘団体連合会の事務局を引き受けている。役場に要望書を持って行くことがあるが、取材者として同行する。当事者にはならず、一歩引いた立場を守る。このけじめは地域新聞の一線かもしれない。

戦前の別荘の中には、貴重な歴史的建造物がある。中には壊さずに残しておきたいのがある。塩沢湖のほとりを歩くと堀辰雄、朝吹登水子、有島武郎の別荘が点在する。有島の別荘には、ライブラリーカフェ「一房の葡萄」がある。中には有島の本だけでなく軽井沢関連の書物が並んでいて、読み始めるとあっという間に二〜三時間が過ぎた。

北原白秋の詩集には「からまつの林をすぎて　からまつをしみじみと見き　からまつはさびしかりけり旅行くはさびしかりけり」が出ている。一九二一年、白秋は星野温泉で開催された芸術講習会で軽井沢を訪れ、この詩をつくった。「軽井沢新聞」はこんなエピソードが至るところにころがっている地域の郷土紙である。

NEWSPAPER 15

東都よみうり

【とうとよみうり】
東京都墨田区、江東区、葛飾区、江戸川区
一九七五年六月六日創刊
購読料金：無料
販売部数：二十万三千部

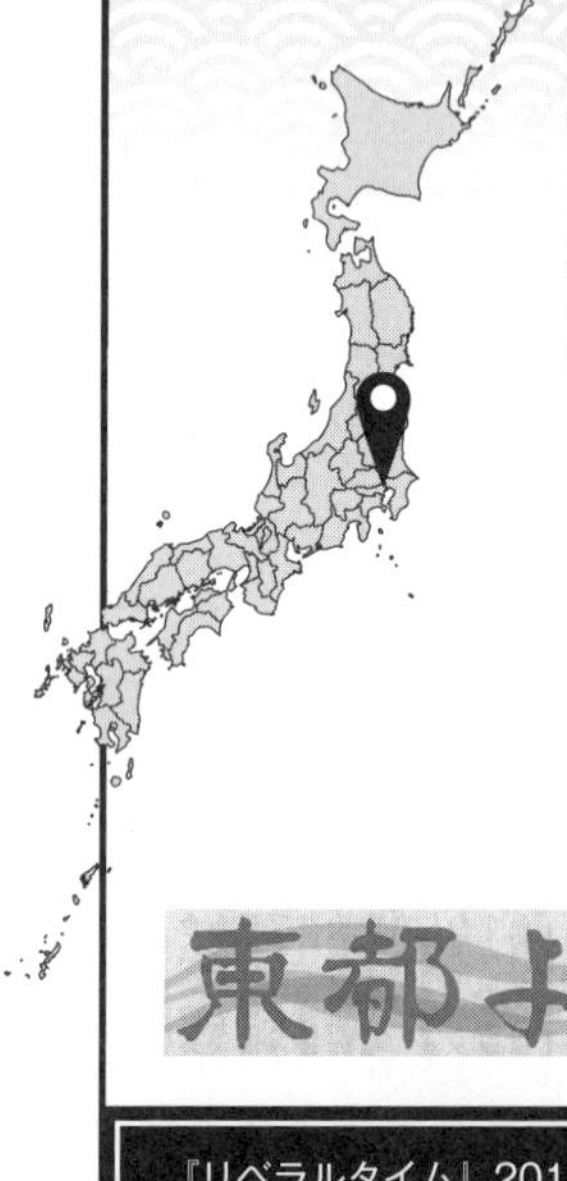

『リベラルタイム』2014年3月号掲載

東京・下町の読売新聞読者に配布する週刊の折り込み新聞。下町ならではの、地域とのつながりの強さがあり、映画祭を開催したり、〝のみうり〞と称した飲み会がある。また、地域住民が参加できるページを設け、一緒に紙面をつくり上げている。

読売新聞の姉妹紙とうたう。全国紙がカバーできない地域のニュースを拾い上げるフリーペーパー。東京の下町に根付いていて、花が咲く。花は東京の郷土紙という珍しい種である。

編集長の西村壽員さんと江戸川区船堀の編集室で会う。背広を着た「美剣士」か、と思った。経歴を聞いて、直感の正しさが証明された。早稲田大学卒業後、新国劇に身を投じ、役者になったという。島田正吾、辰巳柳太郎が二枚看板だった時代、舞台でさっそうと剣を構え、振り下ろしていた。新国劇解散とともに役者をあきらめ「東都よみうり」へ。四十歳だった。娘さんに「お父さんは脱サラでなく、着サラね」といわれた。いまも浅香光代の脚本を書き「日本時代劇研究所」の所長。殺陣を教えている。作家の夢を持ち続け、二〇一〇年には『ケニア夜間鉄道』（筆名＝滝洸一郎）でちよだ文学賞を受けた。テーマは「父と子」の確執。筆力を評価された異色の編集長である。

編集長の西村壽員さん

下町情緒が残る四区

エリアは江戸川、葛飾、江東、墨田の四区。お台場、浅草の地区が加わり、部数は約二十万三千部。週一回、読売新聞に折り込みで各家庭に届く。株主は四区の販売店である。経営の目的は読売新聞の販促のためだが、紙面の内容は郷土紙そのものである。地域密着の技をつぎつぎと展開する。

一つは「かーちゃんにまかせて！」。二カ月に一回、一面分をそっくり子育て中のお母さんに預ける。彼女たちのやりたいことを紙面化する。編集部は干渉しない。十人ほどのグループでおしゃべりして内容は決まる。お母さんたちが手分けして取材し、原稿を集め、レイアウトする。

一三年十二月六日号では「母親も悩みを吐き出そう『親のしゃべり場』」「講演会『スポーツのおもしろさと人間教育』」「前髪セットで華やかに　賢いママにおススメしたい女子力アップ講座」のコラム三本と、マンガが載っている。

マンガもグループの一人が描いていて、この回は『記者の子育て体験記』（東都よみうり記者の連載を単行本化）のイラストを頼まれ、描き上げたという内容の四コマ。現在は江戸川区のグループだけが紙面をつくっているが、一四年から江東区も参加、別の一面を担当する予定だ。

四区には下町情緒が残っていた。筆者が東京に転勤したばかりのサツまわりは七方面（本所警察署）に詰めた。四区プラス足立区が受け持ち範囲である。当時は交通事故死者が多かった。子どもの事故はとりわけ悲しく、家に行って顔写真をいただいてくる取材は辛かった。家族が取り乱しているところへ「写真を貸して下さい」というのだから非情である。

ただ下町の反応は違っていた。「きれいに撮れたのを使ってやっておくれよ」といってアルバムごと貸してくれたり、当の家が留守の時は近所の人が「あの家にはあるかもしれねえ」といってわざわざ案内してくれた。山の手ではドアを閉じて応対すらしないのに、下町では地域中が気をもんで、取材を応援してくれた。江戸の時代から助け合ってきた人たちのいたわりの表現だったと思う。

最近はマンションが建ち、若い世帯が増えているが、情の深さは変わらないかもしれない。昔のように隣のおばちゃんがおせっかいを焼き、おじちゃんが小言幸兵衛役を演ずる構図は薄れたが、地域新聞がおせっかいの一端を引き受けようとするのは悪くない。孤立しがちな子育てママをスタッフに引き入れ、互いの情報を流そうとする姿勢は、地域事情に合っている。

もう一つ、紙面を預ける試みは中学生の職場体験プログラムである。一三年度は江戸川区のチャレンジ・ザ・ドリームの企画と連携、区立中学校二校を受け入れた。一校目の小松川第一中学校の場合は一三年十一月二十五日から二十九日まで、四人の生徒が来社し、記事を書き、割付も行って臨時号をつくりあげた。

十一月二十九日付の「職場体験記念号」を見ると一人一人が出勤の体験を書き、レイアウトを競っている。それぞれ一面の見出しに工夫がある。トップに持ってくるのが自分の文章であることは共通だが、最初にくる見出しは「職場体験よろしくお願いします」「こまいちの生徒　東都よみうりへ」等、人によって違う。女性はやさしく控えめ、男性はズバリと斬り込んでくる。取材に同行したり、広告主のところへついて行ったり、割付をしたり、新聞ができるまでを体験し、実社会をちょっぴりのぞくとともに、進路決定の参考にする。

紙とＩＴの融合

紙面に「ＡＲ」（※）のマークが入った写真がある。写真にスマートフォンをかざすと、掲載写真を読み込んで、スマホ上で動画が再生される。一三年十一月二十二日付。一面の隅に「今週の『ＡＲ』紙面」と出ている。四面の「家庭でできるプロの味」である。料理の写真が二枚、料理長の顔写真が一枚載っている。この中でカブや青菜を盛った一枚に「ＡＲ」の矢印がついている。これにスマホをかざすと画面上で写真は動き出し、食材を使って料理に仕上げるまでが見られる。ＩＴに弱い老記者には驚きである。

「どうしてこんなことができる？」と詳しく聞いた。十分わかったとはいえないが、自分のスマホにアプリをダウンロードし、新聞の一枚の写真にかざすと、動く画面を見られる。いろんな使い方ができそうだ。会合でのあいさつは最後まで聴けるし、子供の遠足も目的地に着くまでついて行ける。選挙の時は候補者の演説を全部きくことも可能（公選法上、まだ不可能だが）。

紙とＩＴ技術が見事につながるではないか。地域紙にとって一つの光明が浮かび上がったような気がし

家庭でできるプロの味（和食篇）
ユズが香る 鯛とカブの煮物
アドバイス

2013 年 11 月 22 日掲載「家庭でできるプロの味」。専用アプリを使って、中央の写真を読み込めば、調理過程の動画を見ることができる

※ AR＝拡張現実（Augmented Reality）。コンピュータを用いて、人が知覚できる情報以上の情報を提示する技術

た。問題は、①記者が写真を一枚撮るだけでなく、ビデオカメラマンのように対象を追っかけなければならない、②コスト面、アプリの取り扱い店に料金を払う必要があるのではないか。③写真からスタートするので、紙面に載せる一枚が拘束されてしまう。選び方に工夫がいる、である。

東都よみうりの場合、コストは代理店との話でかからないようにやっているようだし、他の二つは知恵と努力で乗り越えられそう。チャレンジする価値はあるのではないか。紙メディアに可能性を感じさせてくれる企画だ。若い人を読者にする一つの方法でもある。

映画祭と〃のみうり〃で交流

この新聞社の一大事業は船堀映画祭である。「東都よみうり」の、以前の拠点は墨田区・錦糸町であった。ここはJRの駅前で繁華街とつながっていた。盛り場の中に位置して、多くの人の行き交う息遣いが聞こえた。いまの船堀は住宅街、商店街の色が濃い。

スタッフは空気の違いにとまどったが、ご近所付き合いが始まるのに時間はかからなかった。何人かが会社に訪ねて来るようになり、気さくに話がはずむ。西村さんは芸能、映画に縁がある。「船堀で映画祭をやろう」となり、二つの映画館と小ホールを使って上映映画のプログラムが組まれた。新聞社で事務局を引き受け、地元と一緒になって実行委員会をつくり、一三年十一月には五回目を開催した。

特徴はごった煮か。洋画あり、邦画あり、最新作あり、往年の名作あり。第五回は十六作を上映したが、美空ひばりとヒュー・ジャックマンがリストに並んでいた。追悼・田端義夫で「オース！バタヤン」、同じく追悼三國連太郎で「警察日記」を上映したのも、下町の思いがあふれている。無声映画「瀧の白糸」（弁士つき）も奮闘している。

この映画祭の売りはトークがついていること。「自縄自縛の私」を監督した竹中直人さんが制作の裏話をしたり、「ＴＯＫＹＯてやんでぃ」の神田裕司監督や、「モンゴル野球青春記」に主演した石田卓也さんらが舞台に立ち、撮影のエピソードを披露した。女優の淡路恵子さんは幼いころ、江戸川区で育った。江戸川べりは、走ったり散歩したり、なつかしい思い出の地である。第三回から毎年この映画祭を応援していたが、五回目は身体の調子をくずして参加できなかった（二〇一四年一月死去）。

入場者は二日間で二千七十五人。この映画祭は、映画の面白さを再発見させたと同時に、地元と新聞のつながりを強めた。一緒に催しを実施し、成功させることによって一体感が形成される。

西村さんは「かつて映画は娯楽の王様でした。映画は誰にでも受け入れられ、誰にも喜ばれた。その時代を再現したかった」という。個人がビデオで見るだけでは、人々が熱い感情を共有するまでには至らない。船堀の催しを見て、地域新聞と映画には共通するものが多いと思った。映画館は確かに客が減少し、映画に代金を払うのはバカらしいという若者がいるが、やりようはあるのではないか。船堀映画祭はヒントになると思う。

帰りぎわ、〝のみうり〟の話が出た。映画祭の準備会議がきっかけになって、地元の人が新聞社の会議室に来るようになり、お酒を飲むんだとか。地元の人は「今晩、〝のみうり〟やりますか」と電話してくる。

都合がつけば、よみうりは〝のみうり〟に変貌する。持ち込みの場合も、会費をとる場合もあるが、議論が続いて深夜になっていることもあるという。「四方さん、一度来ませんか」と誘われたので「ＯＫ」と返事したが、〝のみうり〟が成立するのも土地柄かもしれない。

西村さんと一時間半ほど話し込み、付近を歩いて、サツまわりの時代がよみがえってきた。本所署の記者クラブでは、朝日、読売、ＮＨＫ、共同等の記者と午後十時までたむろしていた。この時間まで受け持ち地域の事件、事故を警戒するのが任務であった。何もない時は時間を持て余し、会社の垣根を越えて飲みに行くこともあった。

ある時期、替え歌づくりに励んだ。特ダネ競争の合間、力を合わせて遊んでいた。都はるみの「涙の連絡船」を元歌にした「涙のサツまわり」。歌詞を綴って（一度はこの歌詞を披露したかった）本稿を終わりにしたい。

〈いつも抜かれる　俺だけど　特オチしたとは知らなんだ　今夜もデスクが　デスクが、電話の向こうで怒鳴ってる　落としてしまったオイラがバカね　警察まわりはきょうも泣く〉下町のサツまわりだったから、こんな替え歌ができた。作者は五十年近くが過ぎたいまでも口ずさんでいる。

NEWSPAPER 16

京都北部グループ

両丹日日新聞【りょうたんにちにちしんぶん】
あやべ市民新聞【あやべしみんしんぶん】
北近畿経済新聞【きたきんきけいざいしんぶん】
亀岡市民新聞【かめおかしみんしんぶん】

京都府の北部では、四つの新聞が協力し合いながら地域に影響力の強いネットワークを形成。共通の記事を掲載する等、連携を強めている。

『リベラルタイム』2014年4月号掲載

今回はグループを取り上げる。淵源《えんげん》は「両丹日日」だが、「北近畿経済」を生み出し、「亀岡市民」の経営権を取得した「あやべ市民」を中心に追っかける。地域の連携がどこまで可能か。京都北部ではいくつかの試みを提示しているが、限界があることも教えている。

「両丹日日」は一九四五年の創刊。かつて明智光秀の城下町であった福知山で、発行部数一万九千三百部（二〇一四年一月末現在、月額一千百円）。

福知山は、花火大会の会場で発生した露店の爆発事故で、全国に知られた。花火は「両丹日日」が長年主管して、地域で最大の人数を集めるイベントであった。十五年前、実質的な主催は商工会議所に移り、今回は直接責任はないが、気持ちの上で収まらないものがあった。読者に募金を呼びかけ、約一千万円が集まった。このお金を被害者にお見舞金として贈っている。

老人会の協力でシェア増

連合の端緒は「両丹日日」からの仕掛けであった。初代社長の勝方政一さんは丹波、丹後のネットワークを考えていた。社名もその拡大をにらんでつけたものだった。隣町の綾部には小さな新聞が二つあったが、年配の記者が個人で出しているような新聞だった。

二代目社長の勝方忠さんは綾部への進出を目論んだ。「両丹日日」を広げようと考えたが、綾部の人たちには「隣町に征服される」という思いがあったかもしれない。進出を食い止め、一方では大同団結して地元の新聞をつくる機運が盛り上がった。「両丹日日」の動きが、統一した郷土紙を生み出す契機をつくった。話し合いがもたれ、新しい綾部の新聞は「両丹日日」が四八％、綾部の有志らが四八％、初代編集長・高崎忍さんが四％の株式を持つことでスタートした。

高崎さんは奈良新聞で記者などをしていたが、当時、「単独紙を目指すか、併読紙でいいか」の方針を巡って社長と意見が違い、故郷に戻って「両丹日日」で働いていた。高崎さんは「地域紙（併読）に徹すべし」の考えで、この信念を自ら実践したいと、綾部の新聞を引き受ける決意を固めた。「あやべ市民新聞」（発行部数八千三百二十部、週三回発行、月額九百円）の誕生である。一九八三年のことだ。

両丹日日新聞社の勝方努社長（右）と、あやべ市民新聞社の高崎忍社長（左）

「あやべ市民新聞」は週二回の発行でスタートした。ユニークだったのは販売のシステム。十三地区全てに結成されていた、老人クラブのうち大半に委託した。市の連合会と話をつけ、各地域ごとに方法を詰めていった。当時、老人クラブ活動は盛んであった。六十歳以上の比率が一五～二五％くらいの時期、ゲートボール大会や旅行で交流を深め、孫守りや交通安全の指導等にも活躍、働き盛りの現役世代を助けていた。

老人クラブで販売を引き受けると、クラブによってやり方は違ったが、確実に配り、集金した。それどころか、お年寄りたちは長年の付き合いを生かして、勧誘もしてくれた。販売手数料はクラブで積み立てて旅行や親睦会の資金にすることが多かった。部数は増え、シェアは五〇％から六〇％へ、時間はかからなかった。

高崎さんは「老人クラブにお願いしたことで、情報もよく集まりました。とにかく地域のことにくわしいし、エネルギーも時間もある。部数が確保でき、経営が軌道に乗ったのは老人クラブのおかげでした」という。高崎さんを始め社員も「信用金庫以上」といわれるくらい戸別訪問を繰り返し、読者を獲得した。

現在も六〇％ほどのシェアは維持しているが、老人クラブに昔日の面影はない。綾部における老人の比率は三四％余り。ほぼ三人に一人が六十五歳以上という、超高齢社会に変貌するとともにクラブ活動は下火になってきた。現在配達を受け持っている老人クラブはない。

配達形態は、高校生や主婦のアルバイトに頼っているが、補っているのは山間部の一合販店と、郵便である。週三回の発行だから成り立つのだが、確実に届くという点では「限界集落」（綾部の前市長は明るくプラスイメージをと「水源の里」という名称を提唱した）の多い地域の、空白を埋める手だてになっている。

地域への強い存在感

「あやべ市民新聞」の地域紙らしい記事を紹介しよう。「声のひろば」欄がある。その一例、二〇一三年六月七日付「タマネギの保存方法教えて」の投稿が載っている。「タマネギは網袋に入れても、軒下につるして雨のかからない場所に置いても、すぐ腐る。一年間の保存方法を教えてほしい」という。これに対して多くの情報が寄せられた。

六月十七日付では一面トップ記事で回答を紹介している。一つは「肥料のやり過ぎではないか」。綾部高校農業科の教諭は「三月以降に肥料をやると『とう立ち』（花を付ける茎が伸びる現象）の原因になり、腐りやすい」といっている。二つは「土の病気ではないか」。これを防ぐには植え付け前に土壌消毒材で土を消毒しておくのが有効らしい。三つは「収穫後は一週間くらい土間において放熱を待つとよい」。四つは「酢を付けると長持ちする」。五つは「つるした場合、落下するのも腐る原因」、二個を固結びにして落ちないようにする等。専門家の答があれば、おばあちゃんの知恵袋的な回答もある。読者のやりとりが、反響の多い役立つ記事になる。地域紙だからこそ成立する記事といえるだろう。

「くらしのしおり」欄は「いなくなった文鳥を捜してほしい」や「自転車がなくなった、見つけたら報せて」といった投稿があり、かなりの確率で見つかっている。地域がまとまっているから、シェアの高い地域紙だからこその効果である。

一定のスペースで第四面が「同級・同窓・OB会だより」になっている。卒業生が何十年ぶりに集まったというニュースである。記事には集合写真がつく。こういう特集が組めるのも、地域のまとまりがあるからだ。小・中学校を中心にして各地区が成立し、高校は府立が一校だけ。学校がつながりを維持しているから、同級会は活発だ。

キャンペーンも、学校の話題は関心が高い。京都府は終戦後の教育改革による一地区一校の地域性、総合性、男女共学を厳格に守ってきた。長く蜷川虎三知事の体制が続き、民主教育遵守を唱えた革新府政だったから、エリート養成を排除した考え方が強かった。

蜷川氏引退のあと、林田悠紀夫、荒巻禎一、山田啓二知事と、自民党を中心とした勢力が府政を担い緩和されてきたが、一時期は優秀な生徒は私学に集中。かつての名門、洛北《らくほく》高校や鴨沂《おうき》高校等から東京大学、京都大学への進学者は激減、洛星《らくせい》高校や兵庫の灘《なだ》高校等、私立にとって代わられた。

地元で深刻な問題になっていたのは、福知山高校に進学専門学科が設けられて、大学志望者を特訓するシステムができたこと。対して、綾部高校にはそのコースがなく、綾部市内からは福知山に移住したり、遠距離通学するケースが続出。大学進学で見る限り、福知山が綾部に大差をつける状況になってきたのだ。

「あやべ市民新聞」はこの状況に警鐘を鳴らし、綾部高校にもせめて特進コースをと訴えてきたが、昨年府議会で当局が設置を約束。今年度から実現する運びになった。教育問題は、制度ができたからといって解決したとはいえないが、市民は「これで福知山と対等になった」とホッとしている。

隣り合わせの同じ府立でありながら、片一方に特別の進学コースがあり、片一方に存在しないのでは生徒の質に差が出るのは当然。親の立場としては、住居を移してでも隣町へ、となるだろう。町の存亡にかかわる大事だった。地域新聞でなければできなかったキャンペーンであり、その存在感が示された好例といえる。

「連合」のメリット

「あやべ市民新聞」から一九九二年、経済新聞が産声をあげた。当初は京都府下の丹波、丹後をエリアとし、「両丹経済新聞」と名乗っていたが、兵庫県、福井県にも圏域を伸ばし、名前も「北近畿経済新聞」と改めた。この新聞は旬刊で、エリア内の企業情報を載せている。部数は三千六百部（月額一千二百六十円）。

地域紙で経済紙を持っているケースは珍しい。社長を兼任している高崎さんは「経済圏は県域を超えているし、企業活動は行政範囲にこだわらない。経済新聞の情報は企業にとって欠かせないものだ、と思っている」と話す。県紙の届かないところに網をかけた。

二〇一三年四月から「亀岡市民新聞」（発行部数四千八百部、週一回発行、月額六百三十円）が同じ資本系列に入った。一九八五年の創刊以来、心血を注いだ吉川泰博社長が病に倒れ、あとを継いでいた夫人が断念したためだ。グループで連携していた新聞が手を差し伸べた。廃刊にする選択はあったが、同じ仲間だった社長夫妻の地域にかけた志を思うと、見捨てることができなかったようだ。

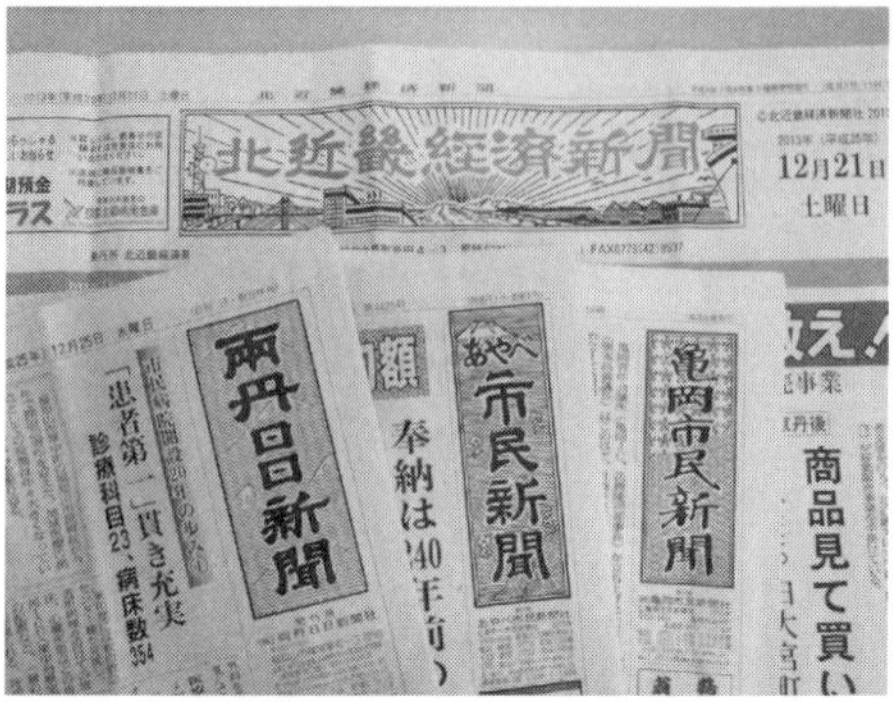

4紙がグループに属する

この連合には「舞鶴市民新聞」も入っていたが、途中で外れ、いまは独自で発行している。連合を組むメリットは何だろうか。共通の企画を打つ、例えば新年の特別号で実施する「郷土の偉人たち」では福知山の明智光秀、綾部の波多野鶴吉、亀岡の石田梅岩等を取り上げたし、それぞれの観光地をつないだりした。知事とのインタビューも、連合で会見し、共通の記事にして掲載している。

社員の養成も、共通で取り組める課題である。研修計画をたて、各社の記者が一堂に集まってブログラムをこなしたこともある。互いの記者同士が交流するのもプラスになる。「両丹日日」の勝方忠さんが二〇〇五年に亡くなった後、四十代初めで後を継いだ勝方努さんは「『両丹日日印刷センター』で、四紙とも印刷している。これは連合の効果をあげている」と話す。

「亀岡市民新聞」の経営が移行する時期、「両丹日日」から一人、「あやべ市民新聞」から一人、応援に出て、急場を凌いだ。これも連合の効果だろう。今後の研究次第では、コストダウンや技術革新の成果が出てくるかもしれない。

丹波、丹後といっても地域のありようは、それぞれ個性的である。特に京都に近いのと遠いのとでは様相が違う。亀岡はJR嵯峨野線で二十分余り、通勤圏であり、大阪に通う人もいる。新しい住宅が増え、人口増の地域である。

一方の福知山や綾部では自然減が進み、人口減に悩んでいる。舞鶴は日本海に面し、ロシアや中国との交易にいっそうの期待をかける、可能性を秘めた都市である。性格の異なる地域だが、郷土紙にとっては人口減のゾーンの方がシェアは高く、安定している。流入人口の多い地域で、必ずしも部数が増えるとはいかない。若い世代の活字離れがあるだろうし、理屈はつくのだが。

府下では府紙の「京都新聞」が強い。どう対抗していくかが、経営のカギになる。府紙も連合の動きは気になる。これからこのネットワークが強くなるのか、弱まるのか。温かく見守りたい。

NEWSPAPER 17

宇部日報

【うべにっぽう】
山口県宇部市、山陽小野田市、山口市、美祢市
一九一二年七月十五日創刊
月額購読料金：千九百三十円
販売部数：四万九千部

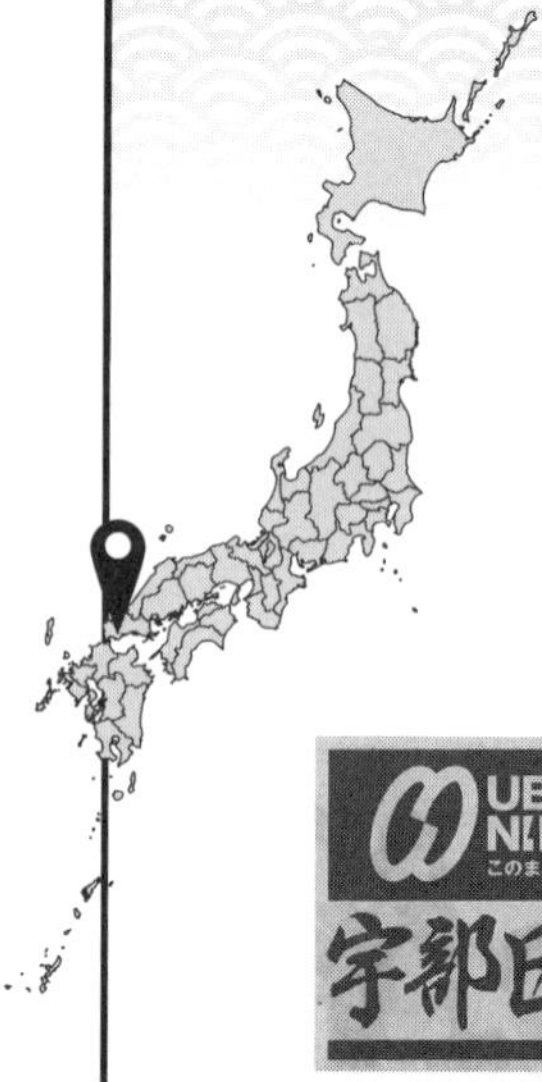

県紙のない山口で奮闘する「宇部日報」。山口の中でも、宇部は明治維新から続く独自の気風にあふれており、地元産業を興こす等の伝統がある。

『リベラルタイム』2014年5月号掲載

今回は宇部日報を取り上げた。宇部は長州藩でありながら、明治以降の藩閥の枠に入れなかった。これによって逆にかたくなと思われるほどの愛郷精神が育ち、その団結心が郷土紙を盛んにした。

地域の独立心が強いほど郷土紙は大きく伸びる。これまで取材してきて到達した一つの原則である。宇部はその典型といえる。江戸時代には長州藩の家老・福原家の領地であった。江戸末期、福原越後《ふくはらえちご》は藩政を担い、禁門の変に参加して敗れる。朝敵とされ、責任をとって自刃。その後長州はめまぐるしく動き、薩長連合で幕府を倒し、明治政府の主流を占める。そこに宇部は乗れなかった。

宇部の人間が長州のつてを求めて東京に出、職を得ようと訪ねると「宇部の者か」と門前払いにあった（『宇部セメントの五十年』等）。長州というだけで要職に引き上げられた時代、宇部は口惜しい思いをしてきた。宇部興産の社長であった中安閑一《なかやすかんいち》は『私の履歴書』（日本経済新聞社）の中で「宇部モンロー主義等と呼ばれる不思議な気風がある」と書いている。

宇部時報とウベニチ

宇部日報に脇和也社長（六十一歳）を訪ねる。脇さんは郷土史に詳しい人であった。地方史研究会の常任理事をしているという。

「不思議な気風」の例としてあげられるのは、有志の義金で運営した宇部共同義会の存在である。明治の中ごろ、石炭採掘の統一管理、

社長の脇和也さん

社会公共事業を行うためにつくられた、協同組合のような産業自治体といったらいいのか。他に例がなく、宇部の人以外はピンとこない。東京行きをはばまれた旧武士たちが、お金を出し合って道路や橋をつくり、石炭を始めとする産業を興していった。

脇さんは「この組織の基本は信頼関係でした。この地域だけの独自のシステムをつくって経営してきた」と話す。義会は一九五〇年まで続いた。人口四千人の村が十年で四倍になり、いまや人口十七万人の工業都市だ。山口宇部空港は市の中心部からすぐ近く、東京行きは日に十便飛んでいる。「町中《まちなか》に空港がある。気分的には山口市より東京に近いですね」と脇さん。

前置きが長くなったが、この背景を抜きに宇部日報は語れない。地域ジャーナリズムの研究においては、ゾクゾクするような特性を備えている。

宇部日報の前身は宇部時報である。創刊一九一二年七月、創業者は紀藤閑之介《きとうかんのすけ》。父は旧士族で共同義会の会長であった。新聞発刊にも福原藩以来のシステムと精神が引き継がれている。紀藤本家に本社をおき、創刊号の冒頭に「世の中はたかきいやしきほどほどに　身をつくすこそつとめなりけり」の明治天皇御製を掲げた。

一四年、紀藤から脇順太《わきじゅんた》が上郷与吉《うわごうよきち》とともに経営を引き継ぐ。和也さんの祖父である。戦争中は軍部の統制で関門日日新聞宇部支社になり、さらに統合が進んで関門日報宇部支社へ。四六年に宇部時報に戻る。四九年、藤井清が時報から分かれてウベニチを出す。『ウベニチ五十年史』によると当時、市内で八紙が競っていたという。戦後の言論の解放感はあったものの、これも愛郷精神の表れだったかもしれぬ。

時報とウベニチは色合いを異にして競い合う。戦後、炭鉱は総資本対総労働の対決の場になった。労使のそれぞれの立場を代表する構図ができあがった。時報が経営側、ウベニチが労働側。

宇部には後に総評議長になり、太田ラッパといわれた太田薫がいた。宇部窒素（現宇部興産）の労組を率いて進軍ラッパを吹いていた。やがて労使は対立より話し合いの方向に進み、平成に入って合併話が出てきた。水面下で交渉に当たったのは当時専務だった脇さん。「米ソの冷戦体制が壊れて、対立の気分は薄れていたし、小さな地域で少子高齢化が進む中、二つが競っているのもムダだし、経営も大変だとの思いがあった」と振り返る。二〇〇四年に合併なり、社長はウベニチから増原三郎さん。脇さんが専務につき、社名は「宇部日報」になった。

時報が譲ったという印象が強いが、同じ市内で育った人にこだわりは少なかったのだろう。社名は公募で一番多かった名前を採用した。社長の増原さんは編集経験がなく、脇さんは若かったので「いずれ」という含みがあった。総資本と総労働が融合したのだから、この合併は宇部市民にとって歴史的な意味があった。脇さんは合併したら部数は増えるだろうと考えていた。ところがそうはならなかった。「びっくりしました。時報とウベニチと併読している人が多かった。二マイナス一で減ったんですよ」。

これも共同体の意識の強い宇部ならではの話かもしれない。合算すると六万近くになるはずだったが、現在の部数は約四万九千。それでもよく踏ん張っている。当面の目標は五万に乗せることである。

「愛郷至誠」の精神

編集方針は堅実そのものである。社長室には合併して定めた社是「愛郷至誠」が掲げてあるが、地元のためにプラスなら何でもやろうということだろう。

脇さんは四面の「無辺《むべ》」を毎日書いている。すでに八千回を超える。三十二歳から書き続けているという。つとめて地元の話題を取り上げる。二月六日付では宇部市の新庁舎について。市議会の新市庁舎建設促進特別委員会が中間報告を出したのを受けての論説だが、地方財政の厳しさを考えて慎重にコトを進めるようにという。

無辺
宇部市新庁舎
建設に向け両輪が回り出した

2月6日付「無辺」

建設に異を唱えてはいないが、経済の先行きや少子高齢化の未来が気がかりである。そんな一市民としての心情が文章ににじみ出ている。「無辺」とは宇部に語感が近いことと「むべなるかな」（もっともであること、「うべうべしい」の言い方もある）の意味をこめている。

新聞として力を入れているのは教育。宇部は山口県下の他市町に比べて子どもの万引きが多かった。市と一体となったキャンペーンの結果、今年度になって半減したという。万引きが多いのはなぜか、理由ははっきりとしない。脇さんは「炭鉱の名残りかなあ」とポツリともらしたが、根拠はない。ともかく追放大会等、市をあげて防止に取り組み、減少にこぎつけた。

最近の紙面で力を入れているのは特産品の発掘である。今年二月四日付二面トップに四十七回目の「にっぽう食堂」が載っている。とり上げているのは「ガザミ」。月待ちがにのブランドで売り出しているワタリガニである。漁獲量は全国が二六六五t、うち山口県が二六二t、中で宇部市が一六六t、山陽小野田市が二六t（二〇一〇年の統計）。宇部は有数の水揚げ量を誇っている。甲羅の幅一三cm以下のものは保護のため海に放棄し、大事に守ってきたが、一九九七年に宇部観光コンベンション協会が中心となってブランド化した。満月のたびに成長するというストーリーもロマンがあっていい。料理は刺身、焼きガニ、酢の物、カニ汁等のコースがある。

ネットを見たら「パンのおいしい店」が載っていた。立ち寄って食べたら、ふっくらしておいしかった。夕飯どきのせいもあり、女性たちの行列ができていた。市では特産品のブランド化を進めている。平仄《ひょうそく》を合わせた連載である。脇さんが「市政と教育に重点をおいている」というのも、むべなるかな。

脇さんは電子新聞には慎重だ。プラスが見込めるか疑問だとし、いま力を入れているのはエリア内の飲食店のネット活用推進である。依頼によってホームページを作成したり、最新情報をまとめて市民に提供している。現在約五十店ほどが加盟し、会費を払っている。月ぎめ広告の感覚だ。将来はグルメ情報として活用されるのではないか、と期待している。

独自の立ち位置

週一回、フリーペーパーも出している。二月十五日号で二百六十二号。「ライフインフォメーションサンデー」八万二千部、全戸配布である。タブロイド判、会社や店舗の広告、映画の紹介や新メニュー等、情報で埋まっているが「休日夜間診療」の病院、「今週の誕生月占い」も載っている。

山口県には県紙がない。「山口新聞」は存在しているが、もともとは水産業の情報を載せていた「みなと新聞」に始まり、「防長新聞」を経て現在の形になっている。紙名は山口と名乗っているが、県紙の意識はない。「宇部日報」は県下でもっともしっかりした新聞といえる。その歴史や紙面内容、住民からの支持の強固さ等から、県下で抜きん出た地域紙といっても異論はないだろうと思う。

宇部から山口は車で二十分ほど。隣接していて、県庁所在地に攻め込む条件は整っている。珍しいことに地域紙から県紙に発展する立場にいるのではないか。脇さんは大言壮語はしない。手堅い手法で合併後の経営を進めてきたが、その可能性を秘めているのではないか、と勝手に推測した。

江戸末期からの歴史を振り返ると、この広がりを想像するのは楽しい。長州の仲間外れにされた宇部が人材を地元に温存して、一致団結で工業を興し、発展した。当時の宇部は「開拓期のアメリカ西部のようだった」と評した人がいる。フロンティア精神で一から創造していった。

長州と会津の関係はいまに至るもしっくりしていない。山口県生まれだけでなく、「山口県に勤務した」

だけで受け入れてくれない。「会津の三泣き」というが、山口出身どころか、山口とゆかりの人はその地を踏むこともできずに泣く。そんな中で宇部は、会津と同じ福島のいわき市と友好関係を保っている。東日本大震災後は一カ月で一億円以上の義捐金を届け、市職員が応援に向かった。石炭のつながりである。

脇さんに「宇部で見るところはありますか」と聞いたら、ときわ公園を推薦した。石炭の町で動物園があり、野外彫刻がある。広大な公園である。宇部市では二年に一回、ビエンナーレを開催し、世界から三百六十〜四百点の応募がある。主催は毎日新聞だが、脇さんは「野外彫刻は宇部が先駆けです」という。

野外彫刻を始めたのは、もう一つの側面を持っていた。石炭が盛んなため、ばいじんが降った。公害のイメージをなくす努力が、彫刻に表現されたといえる。「ダーティからクリーンに、そしてグリーンに」公園はダイナミックに変化した町の歴史そのもの、歳月をかけた「作品」である。脇さんが推薦したのは、そんな思いからに違いない。

NEWSPAPER 18

常陽新聞

【じょうようしんぶん】
茨城県土浦市、つくば市を中心に県南十五市町村
二〇一四年二月一日創刊
月額購読料金：二千二百四十六円（月〜土曜発行）
販売部数：未公表

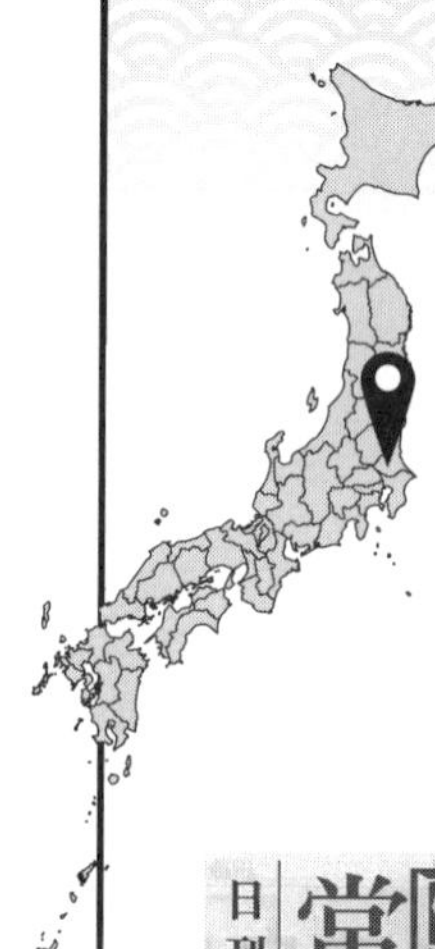

日刊 常陽新聞
http://joyonews.jp

『リベラルタイム』2014年6月号掲載

三度の経営危機を経験した常陽新聞。
東京に近いことが地方紙、地域紙の発展を妨げている。
外部から経営者が乗り出して、再起にかける。

地域紙の存在価値

ウォーレン・バフェット、八十三歳。ビル・ゲイツと並ぶ世界の大富豪で、投資会社バークシャー・ハサウェイの会長である。彼の行動を、世界の新聞界が固唾をのんで見つめている。

「ニューヨーク・タイムズ」によると、彼は二〇一二年度までに地域紙六十三紙を買収した。株主への年次報告書では「六紙の収入が前年と変わらず、バッファロー・ニューズ（ニューヨーク州）とオマハ・ワールドヘラルドの減収は前年比三％以下、落ち込みの度合いは大手新聞に比べて少なく、満足のいく結果だ」としている。

ビジネスに嗅覚の鋭い老練の投資家が、いまなぜ地域紙に関心を持つのか。アメリカでは日本よりも激しく新聞の衰退が起こっているというのに。一つはノスタルジー説である。バフェットは少年時代、新聞配達で小遣いを稼ぎ、これを元手として会社を起こした。彼は中毒といわれるほどの新聞好きでもある。この年代の人の多くにとって、新聞は教科書であったし、世間への手引きであった。もう一つの説は、自分を育ててくれたものに対する愛着説。そしてもっとも強いのは、地域紙の可能性を高く評価しているという説。

彼は「ワシントン・ポスト」の株一八・二％を所得しているが、例えば「ロサンゼルス・タイムズ」の買収をすすめられても「ノーサンキューだ」といっている。大手紙には興味を示さない。地域紙に照準を定めている。中でも「地域に一紙しかなく競合紙がないこと。地域の結束が固く、ローカルニュースを強く欲するコミュニティで発行される小規模の新聞。この二つの条件を満たせば投資の対象たり得る」といっている。

新聞の将来を楽観しているわけではない。ただ条件つきで、地域紙・コミュニティペーパーには存続の可能性があるという。彼の傘下に入った地域紙がどういう経路をたどるか、気になる話である。目が離せない。

いうまでもなく新聞はテレビの動きある画面と競い、いまはＩＴとのスピード競争に手を焼いている。とくに若者の活字離れは止まらない。東京の電車の中でも新聞を読んでいる人は七人掛けに一人いるかどうか。残りはスマホとにらみ合っている。

全国紙が報じるウクライナ情報や株価、プロ野球の結果等はネットで即座に得られるのに対して、隣で赤ちゃんが生まれた、じいちゃんが亡くなった等は郷土紙でしか知り得ない。こんな状況で地域紙の可能性にかける人は、ここに存在価値があるとする。バフェットも恐らく同じ点に目をつけているに違いない。日本では東日本大震災以後、とくに集落の役割に関心が高い。

椚澤悟社長

日本にも同じ動きをした人がいる。ユナイテッドベンチャーズの社長、椚澤悟《くるみざわさとる》さんである。彼は茨城県土浦市に本拠を置いていた「常陽新聞」の経営に乗り出した。元はソフトバンクに勤め、二〇〇七年に独立して投資やコンサルタントの会社を設立。倒産した新聞社に二千万円出資して、新発足させた。現在四十二歳。「ＩＴの業界では年配扱いされたが、新聞に来ると若いといわれる」と話す。二月に創刊。茨城に四日、東京に一日のペースで軸足を新聞に移し、新しい世界に挑む。「前の新聞からは題字をもらっただけで、ゼロからのスタートだと思っています。以前のことにはとらわれません」。

「土浦向け」と「つくば向け」

「常陽新聞」は一九四八年に土浦で発刊した。「豆日刊土浦」を始まりとしている。五〇年に「常陽新聞」と改題し、公称では八万五千部の部数を誇り、自らは県紙と名乗っていた（「二〇一二年版日本地域新聞ガイド」）。土浦の隣には八七年につくば市が誕生、大学や研究機関が移って来て研究学園都市として整備された。原野や田畑には白や灰色のビルが並び、幅の広い道路が走っている。現在の人口は約二十二万人（土浦は約十四万人）県下第二の都市になった。

古いつながりの残る土浦と、新しい無機質とも呼びたいような都市つくば。この二つの間で特色を出せなかったのか、「常陽新聞」は三度、経営危機を経験した。一回目は二〇〇三年、旧社を清算して新会社に譲渡し、新社として新聞発行を継続した。二回目は〇八年、取引銀行が債権を放棄、以降融資を得られず、現金決済のみという薄氷を踏むような経営が続いた。三回目が一三年八月の倒産。原因は広告の激減で、とくに土浦駅前のイトーヨーカドーの撤退が痛かったという（朝日新聞「茨城版」ほか）。

部数の低落も止められず、倒産時には五千部まで減っていた。「給料の遅配は三年前から始まり、未払いはここ一年とくに深刻化し、社員も限界だった」（朝日新聞「茨城版」ほか）。再建までの間、未払い賃金を国が最大六カ月立て替える制度に頼るしかないと判断し、新聞は姿を消した。

新しい社屋はつくばに移っていた。編集部を訪ねたのは三月であった。市役所や筑波大学のキャンパスにも近い。周りはコンクリートの同じような建物で、社の看板は目立たないが、編集室では夕方とあっていたい。これまで支えてくれたシニア層を大事にしながら、新しい層を上積みしたい」と語る。心機一転の気持ちが社屋の移転に表現されている。

五～六人の記者が電話で話したり、原稿をつくるのに忙しくしていた。椥澤さんは「四十～五十代をねら

椥澤さんは、なぜ地域紙の経営に乗り出したのか。「一つは地域の可能性です。エリアとしている県南、JR常磐線、つくばエクスプレス（TX）の沿線には百三万の人口、四十万の世帯があります」。中心となるのは土浦市とつくば市だが、つくば市は人口構成で四十代以下が五七％を占めており、将来に期待を感じさせる。

弱点は東京の影響が強く、新聞の勢力比でも全国紙のシェアが高い。人口の厚味と広大さに挑んでみようというのが、第一に魅力を感じた点だった。もう一つ、倒産でも残った社員の情熱を感じたからである。前の会社で労組の委員長をしていた鈴木宏子記者は「半分くらいが残りました。若い人は辞めていきましたが、経験ある人たちが支えています」と話した。社長は、新聞に関わりたいという旧社員の意気に可能性を見た。

鈴木さんはかつての会社について「部数へのこだわりが少なかった。今度は部数を増やそうという積極的な姿勢が伝わってくる」と説明してくれた。これまでは土浦の名士が経営者に加わり、信用はあったが、

部数を増やす熱意に欠けていたということだろうか。

土浦は地縁のつながりが強いのに対して、つくばは共同体の意識は薄い。隣近所のことに関心は低く、物価や保育、学校等への注目度が高いかもしれない。二つの市の違いにどう対応するのかは難しいところである。楜澤さんは「まだ方針はたっていない。地元になじんで、地元重視の姿勢を徹底させながら問題点をつかみ、編集方針を確立したい」といっている。

発刊して四十六日がたった三月十八日号を見るとタブロイド判十二ページ、月額購読料（※）二千八十円、一部売り百円（駅売店、コンビニ等）とあり、月~土曜発行の日刊（朝刊）とうたっている。一面トップは、龍ヶ崎市六十周年を記念して関東鉄道竜ヶ崎線に「まいりゅう号」が走ったニュース。龍ヶ崎はつくばよりも東京に寄った市で、通勤族も多い。

他には、つくば市内の学校ものが一本入っている。裏の面は取手市のニュースがトップ。土浦の出土物展示のニュースも入っている。三月十九日付になると、つくば、土浦の両面の顔が表と裏ではっきりする。表の一面では二〇一四年地価公示で「TX沿線のアップ際立つ」。裏の一面では「〝霞ヶ浦温泉郷〟つくろう　あす関係者が交流会」がトップ。参加するのは土浦市、行方市、潮来市、鉾田市、銚子市（千葉県）の施設。共通の回数券等を出して霞ヶ浦の湖岸一帯で売り出そうという。ニュースの性格の違いがよくわかる紙面に

関東鉄道竜ヶ崎線
「まいりゅう号」発車
マスコット人気に期待
市制60周年を記念
電子楽器で音楽出前授業

3月18日の1面記事

※月刊購読料は2,080円＋税。取材当時は2,184円、現在は2,246円。

なっている。榭澤さんも「つくば向け、土浦向け、両者の顔を持つ」と決めている。

競う相手は全国紙

目についたのは表一面の広告である。「新創刊記念特別キャンペーン　六カ月以上購読契約をしていただいた方に、常陽新聞電子紙面が楽しめるタブレット端末を契約期間中、ずーっと無償でお貸しします！」と呼びかけている（先着一千名限り）。社長のキャリアからいってもネットの取り込みは欠かせないし、得意の分野に成長させなければならない。タブロイド版にしたのも、両面におさまりがよいように考えた末であった。紙と画面の両方で情報を提供する。二つを競合させずに、主従にする方針である。

新聞の販売は毎日新聞の販売店に委託、当面一万部を目標にする。エリアの人口の一％だ。ＰＲ版は十万部配布した。部数は公表する段階までいっていないが、野球でいえば初回の攻撃がカギになるだろう。

茨城県には水戸を中心にした「茨城新聞」がある。榭澤さんはこの新聞を県紙として認めていいかどうか、疑問に思っている。県下に定着しておらず、県民に認識されていないと見ている。競う相手はあくまで朝日、読売といった全国紙であり、併読、場合によっては単独の購読を狙うとしている。

いまでも新聞はテレビやＩＴに対して信頼感の比率は高く、そのパーセンテージは落ちていない。アメリカは日本よりも早く、新聞の淘汰、革命が始まっている。なぎ倒すような勢いで進んでいる。そこでバフェットのような大富豪が「待った」をかけて、立て直しに入ったのは心強い。

「常陽新聞」のケースはまだ一つの試みである。バフェットのように大掛かりではないし、地域の風土を考慮すると、超えるべきカベは厚い。

困難さは、性格の違う二つの地域を相手にすることである。中核であるつくばと土浦、さらにエリアには取手や龍ヶ崎のように住民の増えているところと、石岡、稲敷、美浦等、村落共同体が強固な地域が存在する。

成功するかどうか、見通しを持てないが、一ついえることはスタッフが心を一つにし、地域に熱い思いを持ち、その心情を表に出してぶっつけていくことだ。各地を歩いてきた筆者には細かいテクニックを紹介することはできる。が、土地に対する気持ちは住んでいる者同士にしか、響き合わないからだ。

NEWSPAPER 19

三條新聞

【さんじょうしんぶん】
新潟県三条市、燕市、加茂市
一九四六年創刊
月間購読料金：一千四百円
販売部数：三万五千部

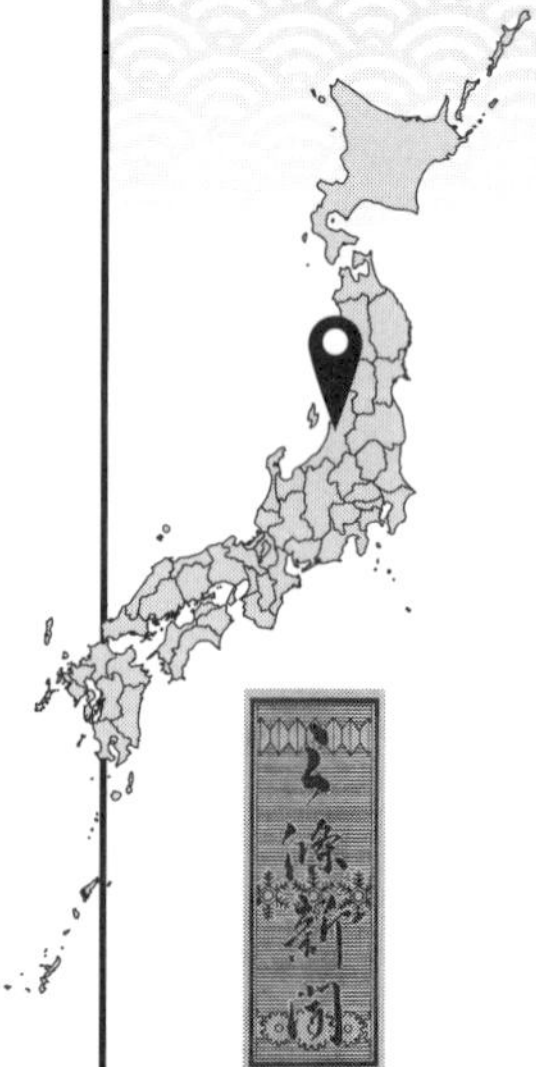

『リベラルタイム』2014年7月号掲載

社説はなく、コラムも短いものが一本だけ。
編集部や記者のバイアスをかけることなく、
丹念に集めた情報を淡々と伝えている。

新潟県三条市については上越新幹線に「燕三条」という駅がある、くらいの知識しかなかった。「三條新聞」を訪ねる前に、図書館、歴史民俗産業資料館、市役所等をまわり、市の全貌をつかもうと試みた。見えてきた一つの顔は「職人の町」である。和釘《わくぎ》に始まり、農具、大工道具、包丁等をつくってきた。いまは桐だんす、仏壇、スプーンも製造する。二〇〇五年に刊行された『越後三条職人列伝』（岩淵一也著、風淵舎刊）を開くと、ほれぼれするような職人の顔が登場する。

なぜこの地に職人が育ったのか。江戸初期、洪水が毎年のように訪れ、疲弊する農民の姿に心を痛めた代官が「副業に」と江戸から鍛冶職人をつれて来て、教えた。初めは農具をつくり、次第に技が広がっていったらしい。洪水をもたらしたのは信濃川である。越後平野に豊かな米をもたらす大河が、三条ではよく暴れた。

町を歩く。普通のたたずまいだが、小路と呼ぶ通りがやたらと多い。静穏な中に、技術が積もっている。昨年の伊勢神宮の遷宮には三条から職人が出かけ、完成までを担った。とくに和釘、三条の製品がなければ建築できなかったといわれる。三条は信濃川の舟運《しゅううん》によって町人の力も強かった。聞くほどに底力がありそうな町である。

当たり前を当たり前に

「三條新聞」の社屋は、市役所と道路一つ隔てて建っている。四階建てですっきりしている。社長の山崎節《せつ》さんと記者の日下部智男さんが対応してくれた。源流は一九三三年創刊の「あけぼの新聞」。四六年、「三條新聞」と改題して再刊。三条市、燕市を中心に県央をエリアとして、三万五千の部数を誇っている。

山崎さんは創業者の娘で、一昨年夫の勇さんが亡くなった後、四代目を継いだ。編集長を兼務している。日下部さんは、入社二十五年になるベテラン。名刺には「記者」の肩書だけ。「部長ですか」と聞くと「うちは役員以外、肩書はありません」とのこと。編集に部長はいないらしい。「これまで山崎さん夫妻を中心にやってきました。記者たちはみんな夫妻に鍛えられて育ってきたので部長は必要ありませんでした」。

記者十二人、地域担当制はあるが、ポストがない。「編集会議は?」「みんなでワイワイやって、〃よし、これでいこう〃となります」。日下部さんは遊軍といっていいかもしれない。

二人に「三条って、どんな町?」とぶっつけた。山崎さんは「江戸時代から町人が元気」。日下部さんは「社

社長の山崎節さん

長の比率が全国一」という。中小企業が多く、それぞれが活発に営業しているということか。染織や彫刻、絵画等、日展作家がエリア内に十五人在住する。芸術が育つ地域は、それだけ豊かといっていい。職人技が芸術に昇華しているともいえる。ますます侮れない。

山崎さんの答は断言調である。「『三條新聞』が住民に支持されてきた理由は？」「新聞が面白いから。何でも自分たちで取材して書いてきました」。テレビ欄と声欄（合流点）を除いて、紙面のすみずみまで自社の記者が取材対象に当たって書いてきた。「当たり前のことを当たり前のように正直にやってきただけ」と。

さらに食い下がると、この言葉はある意味を持っていた。石油ストーブが倒れて火事になった。正直にメーカーの名前を出した。メーカーは広告をストップしてきた。製造会社の社員が海外旅行で赤痢になった。会社の名前を書いたら、これもストップ。「減収ですが、読者が支えてくれると思うと平気です」。山崎さんは部数の力を強調する。部数をよりどころにしていれば、例え広告が減っても、いずれ戻すことはできる。山崎さんは山女である。三〇〇〇m級の山を、少人数で踏破している。休日、冬はスキー、春〜秋は登山。新聞発行の日常を切り替えるのは険しい山との対峙である。

最近、三条で全国的に話題となったのは、学校給食で牛乳をやめるというニュースであった。牛乳といえば学校給食のシンボルのような食品。これをやめるので、ＮＨＫが全国ニュースで取り上げる騒ぎになった。きっかけは消費税増税で保護者の負担増になることだ。安価で、栄養のある食品に代えられないかと四月から四カ月間、試みに廃止することにした。「三條新聞」ではいち早く報道したが、とりわけ大袈裟に扱ったのではない。特集したり、キャンペーンをするのではなく、日常のこととして淡々と報道したら大きく広がった。「三条は米飯給食も早かったし、特別のニュースと思わずに取り上げてきました」（山崎さん）。

社説・寄稿はない

特徴はラジオ、テレビ欄である。一番後ろの八ページ目に番組表と番組紹介があるのは他紙と変わりはないが、六ページ目にも全面、もしくはほぼ全面テレビ・ラジオ番組の紹介が載っている。紹介の一つ一つが長い。たっぷり入っている。外部から原稿をもらっているが、削らない。ＮＨＫの朝の連続テレビ小説「花子とアン」も物語が詳しく載っているから「一週間旅行なんかで見逃した時も、これを読むと便利」といわれている。筆者はＮＨＫラジオ深夜便のヘビーリスナーだが、午後十一時台から午前四時台までの内容がきっちり入っている。これは途中から目覚める年寄りには助かる。

三条に行った日は市議選の最中だった。告示以前の紙面に目を通すと、二十六人の立候補で無投票になりそう

紹介
映画 報道 バラエティー

BSプレミアム③
【打倒（ノックダウン）昼1時】80年日活。赤木圭一郎。プロボクシングの世界に飛び込みチャンピオンの座を目指す青年が、兄との対立やライバルとの死闘を乗り越えて、真の栄光を手にするまで。松尾昭典監督。
【ワイルドライフ～蘇れ／アジアの絶滅危惧動物～第1回アホウドリ・夜8時】台頭する中国、急成長する韓国とベトナム、再生を図る日本など、世界の注目が集まるアジア。経済活動の陰で、危機的な状況に陥った野生動物も少なくない。野生動物たちは環境が変わる中で、さまざまな試練を生き抜いている。研究者たちも保護に向けて地道な試行錯誤を繰り返している。生きものたちの必死の営みと、研究者たちの活動の最前線、この二つを見つめていくのが、国際共同制作シリーズ「蘇れ／アジアの絶滅危惧動物」のコンセプトだ。NHK、KBS（韓国）、LIC（中国）、Authentic（独）が参加。アジアの貴重な野生動物を取り上げ、三回シリーズで放送する。第一弾は日本のアホウドリ。アホウドリは翼を広げると、およそ二・五㍍、北半球最大の海鳥。伊豆諸島の鳥島と尖閣諸島だけで繁殖する特別天然記念物だ。二〇〇八年、日本の研究チームはアホウドリを火山の危険から救うため、鳥島のひなを三百五十㌔離れた小笠原諸島聟島（むこじま）へ移住させ、新繁殖地を作る壮大な計画を始めた。二〇一一年以降、巣立った十羽のうち七羽が帰り、二〇一二年秋には初めて産卵が確認された。残念ながら卵はかえらなかったが、夫婦のきずなは深まった。親に育てられた経験をもたないうえ、新天地には手本となる先輩もいない。いつかひなを育てられるようになるよう、研究者たちは見守り続けている。二〇〇八年から復活作戦に密着取材してきた成果を集大成し、アホウドリの今が分

長いものは 100 行近くなる番組紹介

だった。「これはいかん」と無投票阻止に立候補したのが新人二人、いずれも八十代である。四月二十一日付の一面トップは「無投票一転、2超過の少数激戦」と書く。新人は六人だが、最年少は二十九歳の元代議士秘書。平穏に終わりそうな選挙戦に一石を投じたのは、なんと八十三歳と八十二歳!! 元小学校教諭である。八十歳といえば議員を引退する年齢だが、あえて立つところに超高齢社会の一面が出ている。二十七日に投票が行われたが、結果はどうだったか。日下部さんに電話をすると「八十代の方は一人が通って一人はダメでした」とのことであった。

四月十七日から二十五日まで（月曜は休み）の新聞を精査して気づいたことがある。これぞ「三條新聞」のカラーだろう。一つは社説、寄稿は見当たらなかった。コラムは「社会の小窓」五百字足らずがあるだけ。記者が執筆。主張やキャンペーンもない。住民の動きを追うことで、考え方が出ているが、編集部や記者のバイアスは入っていない。

例えば原発の問題。東京電力の原子力発電所の立地する柏崎とは五〇㎞ほどの距離だが、四月二十二日付のニュース。「なして原発?! が必要なのか 国の政策に疑問」。県平和運動センターが連続講座を一冊にまとめたと伝えているものの、これに対して論評的な表現はない。ニュースをポンと投げ出している。

一つは新潟県や隣接市町村のニュースも結構入っており、トップで報じるケースが目立つ。県紙としては「新潟日報」があるが、ラジオ、テレビ欄の分量といい、県政ニュースの重視や県選出国会議員の動静を丁寧に追っかけている等を見ると、単独紙としてシェアを占めようと考えているようにも見える。

八日間のうち六日間は県下全域に関わるニュースがトップだった。うち二日間は「安定ヨウ素剤問題」を取り上げている。これは柏崎刈羽原発災害の甲状腺被ばくに備え、三〇km圏内に安定ヨウ素剤百三十二万錠を整えるはずが未調達で、一〇km圏内の配備のうち、十四万錠が期限切れで、更新されていなかった。知事が記者会見でお詫びしたとある。東京でテレビや新聞を見ていると泉田裕彦知事が東京電力に強い態度で要望しているシーンが印象に残っているが、原発がらみで知事が頭を下げる事態になっている。

もう一日のトップは「除雪支援は現代の塩送り　450年前、謙信公に助けられた　山梨県の横内知事信玄餅を土産にお礼に」。山梨は史上かつてない大雪に見舞われたが、これに対して新潟県が支援、泉田知事に信玄餅持参でお礼に訪れたというニュース。東京の新聞でもホノボノした話題として報ぜられたが、戦国時代、謙信は塩を送って信玄を救ったことがあった。この故事を思い出させる重ねての支援であったと。「四十人もの除雪隊を派遣していただき献身的な除雪をしてもらった」と山梨県知事がお礼の気持ちをのべている。

正確に公平に

もう一つ、目を引いたのは四月二十二日付三面「名古屋豊氏（40歳）激励の集いに250人」、四月二十一日付三面「五期目へ武石栄二氏（65歳）後援会決起大会に120人」七面には「一番星事業に4400万円も!!　冷たい市政にものを言う武藤元美氏（57歳）2期目へ」等の記事である。武藤氏は共産党公認。告示後、選挙運動が繰り広げられている中での紙面。この調子で立候補者全員の総決起集会を掲載するのだろうか。他の日付でも、立候補者の集会ニュースは大きく扱われている。

日下部記者に確かめたら「集会は開催された順番にフォローしています。正確に公平にやっています」という。三条独特のとり上げ方といっていいかもしれない。

四月も末ごろになると三条市内に雪はなかったが、山間部は指折りの豪雪地帯で、四月下旬になっても雪は残っている。ただ道路がよくなり、除雪車の活躍で、取材に困ることはない。幹線道路から各戸に着くまで苦労することはあるが、担当の記者は車で四、五十分かかる市内の集落にも毎日、顔を出している。雪おろしで人が亡くなることがあり、一人暮らしのお年寄りを考えると放置できない地区である。

三条には地域紙が多かった。「三條新聞」はその中で安定した基盤をつくってきたが、日下部さんは「新しいメディアとの競争がある」と話す。一つはFMであり、一つは十年前、「三條新聞」の社員が独立して立ち上げたインターネットのニュースである。地域ニュースを独自に取材して、ネットで配信している。購読料は無料で、広告をとってまかなっている。地域紙の電子版が登場して、十年継続しているのも、三条の持つ底力だろうか。

三条市役所には営業戦略室がある。観光を盛んにし、誘客のために活動する部署である。職人技の蓄積をどう見せるかが柱だろう。食の名物は「カレーラーメン」。これも職人が忙しい合間にパッパッと食べるのに都合がよかったのだろう。市役所近くの食堂で食べたが、めんは日本そばに近かった。米がうまかったのはいうまでもない。

NEWSPAPER 20

いわき民報

【いわきみんぽう】
福島県いわき市
一九四六年二月五日創刊
月間購読料金：二千百五十円（夕刊のみ）
販売部数：一万九百四十五部

いわき民報

『リベラルタイム』2014年8月号掲載

二〇一一年三月十一日の東日本大震災によって
多大な被害を受けた福島・いわき市。
新聞の役割は、真実を伝えることだけに留まらない。

福島県いわき市は東日本大震災を三様に受けとめた。一つは地震と津波による被害。死者・行方不明者は四百四十六人（うち関連死百十六人）、一つは東京電力福島第一原子力発電所の事故を受けて避難した人を他市から受け入れた。その数二万三千八百七十九人（「いわき市復興の歩み２０１３」）。一つは放射能被害への懸念から脱出する市民がおり、漁業、農業は風評被害に苦しんでいる。そんな中で「いわき民報」はどう報じたか。

一〇〇%回復はまだ先

「いわき民報」の創刊は一九四六年二月。終戦から半年ほど。モノは足りない。人の心は揺れている。言論の自由は叫ばれるが、紙がない。「創刊40年のあゆみ」（一九八六年刊）では「石炭一t当たり新聞ザラ紙七連、調達できた」の記述がある。当時、製紙会社は石炭の配給を受けていた。

「いわき民報」は炭鉱とのコネがあったのか、低カロリーのものを高カロリーに変え、製紙会社から余分に紙を分けてもらったという。常磐炭鉱で名高い町らしいエピソードだ。

取材に対応してくれたのは社長の野沢達也さん。創業者は

社長の野沢達也さん

祖父・武蔵さんで福島民報の支局長からの転身であった。本人は大学を出て名古屋タイムズ東京支社に勤めたが、三年半で戻った。編集主幹を兼務している五十一歳。

東日本大震災の話を聞いた。社屋は健在、津波は来ず、電気・ガスも止まらなかった。ただ、水は四～五日出なかった。影響が出てきたのは原子力発電所の事故以来である。三〇㎞圏内は屋内退避の指示。いわき市で屋内退避の対象になったのは周辺の地域だけだったが、混乱していて厳密な話は届かない。「とにかく外へ出るな」となって四十四人の社員は自宅待機。取材はできないし、印刷工場の機能は動かない。お手上げである。

野沢さんは自宅から毎日本社に来て、社長室にこもっていた。当時を振り返って「いわき市は一部がかすっただけだったのに、テレビで『いわき市』といわれると、全市民が不安にかられて屋内退避になってしまった」と語る。細かく正確な情報がなく、大くくりで網がかけられた。一週間ほどで過剰な自宅退避は解け、社員は戻ってきたが、まだ紙やインクが入ってこない。パソコンや輪転機は動いたが、道路が通れないために届かない。社員たちは正しい情報を発信したかった。パソコンで新聞を編集し、コピーをとって配った。避難所や公的施設等に持っていった。

もう一つ、再開までの壁があった。配達員である。地元・東日本国際大学のインドネシア、タイ、中国等からの留学生がアルバイトで勤めていたが、放射能による被害を恐れて国へ帰ってしまった。配達の六〇％くらいを留学生が担当していたから、すぐに補充はきかない。「いわき民報」は夕刊なので、留学生たちは時間的に配達しやすく、アルバイト先としては都合がよかった。学校が終わった時間帯で、人が歩いている時間で安全だし、地理も尋ねやすい。留学生たちは真面目に、丁寧に配ってくれたし、双方にメリットのある配達の仕組みであった。年配の人たちや女性に配達を頼んで、旧に復したのは四月末くらい。

休んだツケは大きかった。もともと震災と原発事故が原因で市外に出て行った人がいた上、企業や商店も活動をストップ、販売・広告両方が減少した。野沢さんは「半減くらい。盛り返すのは大変でした」と振り返る。現在にいたるまで一〇〇％は戻っていない。

「事実だけを書きました」

最近、マンガ『美味しんぼ』（小学館）の波紋が広がっている。福島を訪れた主人公らが、放射能で「鼻血が出た」と描かれた。野沢さんは「自分の知る限りそんな例は一つもない」と強く否定する。真実はどこにあるのか。放射能の影響がどこまで深刻なのか、正確なことがわからないまま、「こわい」という情報が一人歩きして、不安をかき立てたようだ。

野沢さんは「以前から原発反対の人たちがいた。その人たちがコトを大袈裟にした面がある」。原発反対に、放射能の数値を利用したのではないか、という見立てである。この現象に正解は出ていない。「一＋一」を三という人、四という人、五という人がいて、二という正答が見えていない。「いわき民報」はその時々に事実を伝えるように努めてきたが、報道だけでなく、例えばフォーラム等で啓発することも必要ではないか、と考えている。

野沢さんへのインタビューでは、過去にとどまらず未来の話が出てきたのがよかった。「これからどうするか」に目が向いている。そのために地域紙は何ができるか。原発事故についても、廃炉や核廃棄物のことになると三十年、四十年先の話になる。かなり遠い時代を見据えなければならない。そんな先のことがわかるか、と自問するが、いま現実に起きていることは短い時間で解決できない。

原発や放射能については確証のない情報が飛び交っている。放射能の値は、市役所の職員が合同庁舎付近、地面から一ｍのところで測定している。そのデータが公表されて、人体への影響の有無を判定しているが、「一ｍではなく、(値の) 低いところで測っている」「本当はもっと高いデータが出るのに、薄めている」といった情報が流れる。「隠している」「ウソをいっている」という類の疑心暗鬼。地域の中のことなのに情報に確信が持てないでいる。地域紙の役割は、じっくり追いかけて確証をつかみ、報じることである。

ネットの発達で、未確認のウワサが検証もせずにポンポン出される。広がるのが速い。野沢さんら記者たちは、「速報が第二」から「何が正しいかを究めること」への変化が必要と思った。ネットの情報にどう向き合うかは、一地域紙の手におえるテーマではない。「マスコミ全体で考えるべきで、パネルディスカッション等で (読者に) 呼びかける必要がある」と思う。原発事故以後の騒ぎで何が正しいのか、いわき発で取り組めるのではないかと感じた。

最近起きた深刻なニュースは、原発事故で避難している住民といわき市民との軋轢である。仮設住宅の駐車場では停めてあった十数台の車が傷つけられた。市役所には「被災者帰れ」の落書き。「いわき民報」もいち早く報じたが悩みの深いニュースであった。復旧・復興がきれいごとでなく、やっかみや不信感の渦巻く中にある。

東京電力から保障を受けている原発避難者には、一時金の支給も含め、金銭的な援助が続いている。いわき市民には「特別待遇」と映る。車を傷つけたのは、やっかみかららしい。働かずに楽々と暮らしている一部の人の姿に反発が出ているのだ。仮設住宅にいる人たちも戻るのか、いわきに留まるのか中途半端である。理想は故郷に帰って以前のように生活することだが、それが可能かどうか見通しが立たない。どちらかに踏ん切りをつけた方がいいのではないかという空気の中で、明確な方向が打ち出されていない。

週刊誌ならこの事件を「住民がやっかみで車を片っ端から傷つけた」と書くだろう。しかし地域紙は断定的に書けないし、センセーショナルには取り扱えない。「事実だけを書きました。それしか書き方はありませんから」と野沢さん。ただ、このままですむとは思っていない。避難者も大切な市民。住民登録をせず、住民税を納めていないとしても、同じ被災者であり、生活をともにしているのはまぎれもない事実だ。

「地域紙には仲介の役割がある」と野沢さんはいう。今後の企画としてはゴルフ大会、スポーツ大会、旅行等に両方から参加してもらって交流を図る。地元の企業や青年会議所等と「イベントをやれないか」と話し合っている段階だ。

景気がいいのは一部だけ

仙台がバブルだとは、よく聞く話である。いわきも同じ傾向にある。ホテルは満室だったし、住宅地の地価上昇率も全国でトップクラス、アパートには空きがない。いわきは、かつての炭鉱町の面影をいまに残していて、スナックや喫茶店の比率が高いところだが、ネオンの点滅する小路は活況を呈していると聞いた。ところが商店街で聞く景況感は「お金は一部の間でまわっているだけ。ここまで届いていない」。野沢さんも「新聞の広告にまわってくるまでになっていない。景気がいいのは限られた世界の話」という。大震災で廃業した会社や店、町を出て行った人等が戻っていないし、戻っても復活はしていない。

しかし野沢さんは暗くならない。原発事故の現場までは車で約四十分。作家の東浩紀氏等が「ダークツーリズム（※）」を呼びかけているが、これが盛んになると、いわきが拠点になる。広島の原爆ドームが観光対象になっているように、原発事故を忘れないためにも、世界中の人に見てもらうのは必要なことだと期待する。

紙面はタブロイド判。地元のニュースに重点をおいて、できるだけ本数を載せる方針は徹底している。五月二十八日付の見開き（六〜七ページ）は高校体育大会の写真が全面に載っている。敢闘する写真があれば、ファインプレーの写真がある。読者の申し込みによって頒布するシステムになっている。できるだけ名前を載せて、人の写真を載せる。「隣の息子がのっているぞ」と噂になる新聞を目指す。

※ダークツーリズム＝戦争跡地や災害被災地等、暗い歴史を持つ土地を観光すること。

月一回フリーペーパーを二種類出している。若者向けの「Junction」、シニア向けの「個処《ここ》から」である。若者向けには音楽やイベント情報が豊富で、シニア向けは医療、介護の案内やゲートボール大会の記録等。「いわき民報」の災後《さいご》は終わっていない。とりわけ原発問題は尾を引き、きれいごとではすまない深刻な様相も見せている。この三年余り、地域紙の難しさを経験したが、そこには今後の可能性もほのかに見えてきた。日本中で共有したいと思う。

小名浜の漁港に寄った。食堂に入ったら、「祝　カツオ初入荷」の張り紙があった。赤く書かれた「祝」の字がおどっていた。刺身定食を食べた。カツオは遠海ものだが、アワビ等、近海ものも戻り始めた。

6月4日発行「個処から」

6月2日発行「Junction」

NEWSPAPER 21

夕刊デイリー

【ゆうかんでいりー】
宮崎県延岡市、日向市等を中心に県北九市町村
一九六三年一〇月一日創刊
月間購読料金：二千四十五円（夕刊のみ）
販売部数：四万三千部

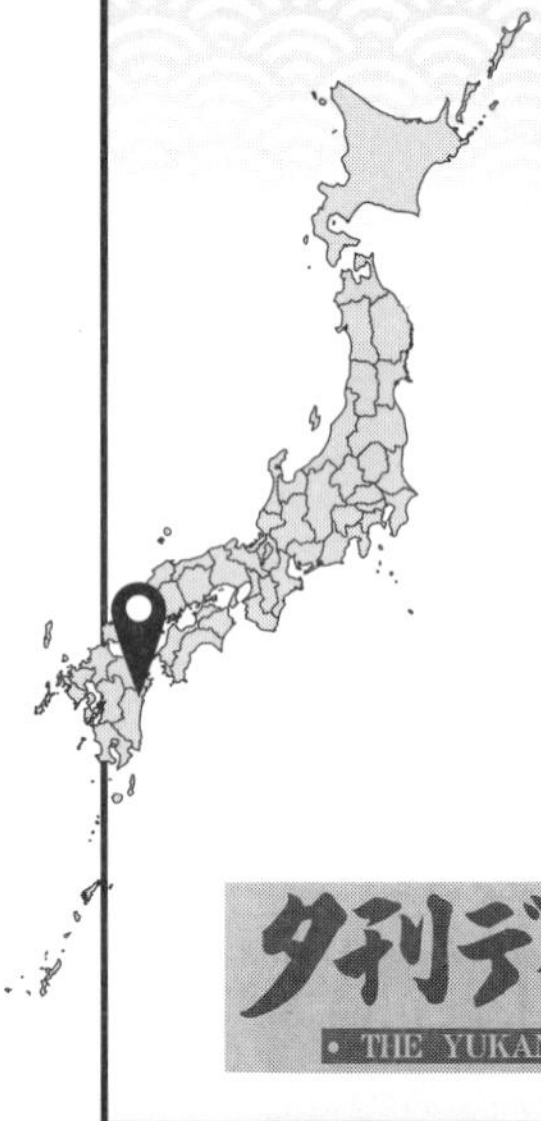

夕刊デイリー
THE YUKAN DAILY

『リベラルタイム』2014年9月号掲載

狭苦しい部屋から始まった「夕刊デイリー」。
昨年、創刊から五十周年を迎えたが、いまも
当時のジャーナリスト魂が息づいている。

正義感と自立精神

延岡は旭化成の発祥の地である。この企業城下町に強力な郷土紙がある。「夕刊デイリー」。一九六三年十月一日の創刊。歴史はそれほど古くないが、地域にとけ込みつつ、キャンペーン精神に富んでいる。

町に入ると海岸べりに赤と白の大きな煙突が見えてきた。旭化成のモノづくりを集約し、その誇りを表現しているような「塔」である。旭化成はなぜ延岡に立地したのか。同社の創業者は野口遵《したがう》。明治の初め、東京大学赤門近くの加賀藩の長屋で育ち、府立一中～一高のコースを歩む。東大で電気工学を学び、ドイツのシーメンス社に勤める。日本法人であったが、ここで技術を学ぶとともに特許の発想をつかんだ。その後独立して曽木電気を経営し、一九二一年カーバイド合成法の発明を知り、ドイツに乗り込んで特許を獲得、工場の建設を図る。すでに熊本県水俣に肥料工場を持っており、そこに隣接して建てようとしたが、排水をめぐって反対運動が起きた。

そんな時、延岡の人たちが「企業を誘致したい」と運動していることを知り、土地を見に行く。工場のための条件がそろっていた。一つは水、一つは空気、一つは電気、一つは土地、そして住民の協力。特に電気については大きな川が三つも流れており、五ヶ瀬川には発電所ができて、豊かな可能性を暗示していた。二三年、工場は稼働を始め、拡大につぐ拡大で、日窒《にっちつ》コンツェルンができ上がった。戦後の財閥解体で旭化成と名を変えたが、以後は多角化で発展した。ヘーベルハウスでおなじみだし、医療品等で消費者とはつながりが深い。

野口は特筆すべき経営者であった。当時、日本の農業は労力がかかるばかりで生産性は低かったが、旭化成の化学肥料は農業を変えた。飛躍的に反《たん》あたりの収量を増やし、農家の生活水準を引き上げた。野口は四四年に亡くなるが、全財産を社会に還元した。その生き方も見事で、世界から最先端の技術を呼び込んでくる発想は画期的であった。もっと評価されていい実業人だと思う。

「夕刊デイリー」を発刊した人たちは、記者魂が濃かった。佐藤公昭社長、松永和樹常務への取材は、当時の事情を聞くことから始まった。佐藤さんは広告一筋。営業本部長を兼務しており、トップセールスで広告主に食い込んでいる。松永さんは記者として育ち、いまは総務を担当している。

社長の佐藤公昭さん（右）と常務の松永和樹さん（左）

「夕刊ポケット」という新聞があった。二人は入社していないが先輩の話では社長の交代があり、経営偏重の人物が乗り込んで来た。編集の中心であった川本啓介さんら有志は密かに語らい、独立を目指した。全ては極秘のうちに進められ、ポケット側が気づいた時、ゴーサインを待つばかりになっていた。

昨年十月一日付の「創刊50周年記念特集」では、創刊時はすし詰めの狭苦しい部屋で始まり、外の温度が二八度の時、編集室は三五度。社員の健康維持のために新しい建物を建てるのが緊急の目標となり、鉄筋二階の事務所を新築した経緯が書かれている。

会社の特徴は社員の持ち株にあった。これについては「創刊二年目」のところで「私どもには金はない。しかし、誰にも負けない正義感と自立精神、そして若々しいエネルギーがある」「私どもはなけなしのへソクリをはたき、各自出せるだけの金を持ち寄って社内株による株式会社を創設した」。六三年といえば安保騒動の後岸信介内閣が倒れ、池田勇人内閣が「所得倍増論」を唱え、経済成長が始まったころである。

創刊以来の精神

創刊時、応援したのは旭化成の労組。金銭面ではなく、部数拡販に協力したという。読者を紹介したり、勧誘してくれた。自立の精神と住民の支援があったのか、五周年の社告では「発足当時わずか二十一人だった社員も、いま六十人」「発行部数もグングン増え、ついに悲願の二万部を突破した」とうたった。社告自身が「ローカル新聞としては驚異的」というほどの伸びであった。現在の部数は四万三千部余り、延岡市内では五三・八％のシェアを維持している。

延岡は宮崎県の北部に位置する。大分県に近く、南の県都、宮崎よりも北の方に目が向いているかもしれない。旭化成が多くの社員を抱えていた時代、関係者も含めて延岡の同社社員は二万人といわれたが、いまは分散化、省力化が進み、約六千人に減っている。人口は町村合併があったものの、都城市に抜かれて県内第三位の市になった。商店街を歩くとシャッターが目立ち、昼間は歩行者にほとんど会わない。人口減の波は郷土紙のパイを縮小させる。その悩みが深いのは、どこも同じだが、「夕刊デイリー」には創刊以来のジャーナリスト精神が脈打っている。この伝統が強みなのか。地域ジャーナリズムに定義はないが、「夕刊デイリー」の歩みを総括すると、その一端が見えるかもしれない。やはり五周年の社告から。よい新聞であるべき要素として、八項目を挙げている。例えば「訴えようとしても手段を持たない者に代わって訴える気概を持っているかどうか」「違った主義主張に対して紙面を割く寛容の心を持っているかどうか」等は全てのメディアが拳拳服膺《けんけんふくよう》してもよい項目だ。

松永さんによると、この精神を根づかせたのは川本啓介さんだという。編集長・社長としてリーダーシップを発揮し、松永さんらを鍛えたが、二〇〇三年、七十歳で亡くなった。付け加えるなら「夕刊ポケット」は社員がごっそり抜けた後も発行を続けたが、一九九二年、廃刊した。

郷土紙を取材してきて、二つのタイプがあることを知った。一つはニュースに徹する行き方である。ニュースの本数にこだわり、事実を克明に報道することがサービスだと心得ている。もう一つは評論、社説、キャンペーンにも力を入れ、地域の問題を正しく解決し、具体的な提案をしていく。明治のころの小新聞、大新聞に似ているかもしれない。どちらがよいという判断はできないが、「夕刊デイリー」は後者に入る。ただしその境界はあいまいだし、テーマによって変わることがある。厳密ではない。

新聞と電波の二本立て

紙面に目を通した。松永さんがめぼしい号を用意していてくれた。最初に聞きたかったのは旭化成への姿勢である。以前、公害問題が大きく取り上げられたころ、煙突の排出ガスが問題となり、防止対策を要求する運動が起きたことがある。「夕刊デイリー」は忠実に報じた。それで会社や労組と関係がおかしくなることはなかった。当事者は真摯に対策をたて、改善していった。いまは、軋轢が起こることはめったになくなったと聞く。

キャンペーンの中では二つに注目した。一つは高速道路の建設である。九州の中でも宮崎は「遅れている」といわれていた。「陸の孤島」と呼ばれた。とくに県北は県南の「夜明け」に対して「夕ぐれ」。宮崎へ行くのに二時間はざら。筆者は二〇〇三年、『ゆえに、高速道路は必要だ』（毎日新聞社刊）という本を出した。当時、高速道路を目の敵にしていた猪瀬直樹さん（前東京都知事）等には許せない本だったかもしれない。

本の中では延岡のことを「人口十万以上の都市でインターまで一時間三十分以上かかるのは延岡市と鳥取市だけ」と書いている。高速道

高速道新時代
歓喜の幕開け
つながった延岡－宮崎
東九州道 日向－都農開通

3月17日付1面の記事

路をつくれ、という住民運動が起きたのは五十年ほど前である。「夕刊デイリー」の創刊とほぼ同じころ、新聞でも間断なく主張し、キャンペーン記事は一千本を超えた。住民運動を克明に報じ、連載もので必要性を訴えた。

今年三月、東九州自動車道の日向〜都農が開通し、延岡〜宮崎はつながった。三月十七日付は「高速道新時代　歓喜の幕開け」とうたい、開通の瞬間を伝えている。一〜三面をほぼ全面使い、八面には写真特集。これ以上ないと思うくらい紙面をさき、大きな活字がはずんでいる。その後に始まった連載「北から南から――つながる東九州道」では、各地の期待と同時に問題点も指摘しているが、お祝いムードは爆発的である。便利になっただけに強い商圏に引っ張られ、客を持っていかれてしまう。ストロー現象といわれる。地元の商店街が以前に増して衰退する。延岡や日向でも、その恐れはあるが、一方で大病院に駆け込みやすくなって生命が助かったり、子どもの通学が可能になって下宿代がかからなくなる等の利点もある。要は地域の力をつけることが重要なのである。

もう一つは「平和祈念資料展」。今年は六月十四日から七月六日まで延岡市立図書館で開かれ、第十一回を数えた。延岡は一九四五年六月、大空襲にあい、商店街は壊滅した。戦争の跡はそこここに尾を引いているが、資料展は「戦争の悲惨さと平和の尊さを語り継いでいくため毎年開催」（五月二十九日付）している同紙のイベント。今回は従軍カメラマンだった小柳次一さんが撮影した兵士たちの写真を展示、資料の解説会は軍事史研究家の古舘豊さんが講師となり、初日に別の会場で催した。敗戦後、六十九年がたっており、戦争を知らない世代が多数派になっている。戦争に対して明確に反対の意志を持って資料展を続けているのは珍しい。小柳さんは晩年、宮崎に転居、九四年、川南町で亡くなった（八十七歳）。

地域新聞には、全国ニュースを載せ、一紙で十分の単読紙型と、地域のニュースだけに特化し、全国紙や県紙との併読紙型があるが、「夕刊デイリー」は単読紙を目指す。全国ニュースは時事通信と契約して配信を受けており、日本新聞協会にも加盟している。テレビ番組欄も最後の二ページを使い充実しているが、基本に忠実な一面がある。地元のスポーツ報道を徹底的に細かく詳しく、特に子どもたちの名前をたくさん載せる。新聞が主催・後援する早朝野球や各種の大会も多いが、小・中・高から一般まで、各年代の競技大会を拾いつくす。月曜日の紙面は時に二面分とって詳細が載る。これには旭化成がスポーツの強豪である点も、あずかっている。マラソン、陸上、柔道等、日本の代表的な選手が旭化成に所属し、地域をあげて応援する。

販売は直売店が五十、このネットワークが頼り。配達の力であると同時に、地域に溶けこんで底力を発揮する。三年前、「ＦＭのべおか」を始めた。一日十四時間生放送を売りにする。新聞と電波の二本建て作戦に転じた。

NEWSPAPER 22

東愛知新聞

【ひがしあいちしんぶん】
愛知県東部、東三河地方、静岡県西部
一九五七年十一月十五日創刊
月間購読料金：二千五百二十円（朝刊のみ）
販売部数：四万八千二百部

名古屋と浜松にはさまれ、三英傑が覇を競った時代から情報感度が高い土地である豊橋。
「東愛知新聞」は併読紙として地域情報を厚く提供する。

『リベラルタイム』2014年10月号掲載

「情報好き」の土地柄

筆者の新聞記者としての駆け出しは中部本社（名古屋）報道部だったが、当時は豊橋に行った記憶がない。一宮、岐阜、四日市等は何回も訪ねたが。豊橋の住民は「気分は名古屋より浜松に近い」という。織田信長、豊臣秀吉より徳川家康、お江戸に親近感を持つ。郷土紙が成立しているのも、名古屋に対する距離感によるのかもしれない。

東愛知新聞社社長の藤村正人さんはしゃべり方が滑らかで、東三河のことに詳しかった。同地域の裏事情にも通じていた。藤村さんの社長就任前は、父の圭吾さんが社長をしており、継いだのは三年前。藤村さんが長く勤めていたのは名古屋テレビである。記者として東三河地区を受け持っていた。この地方の動きをカメラと声でレポートしてきた。筆者が受けた第一印象の背景には、放送記者二十五年の積み重ねがあったのだ。

「記者生活でもっとも記憶に残っている取材は？」と聞くと「豊橋の小学二年生誘拐殺人事件」を挙げた。地元の人たちにとってショッキングで、痛ましい事件だったのだろう。一九八八年から八九年にかけ、東京・埼玉で連続して幼女誘拐殺人事件が発生した。犯人は宮崎勤。豊橋の事件はその直後で、

社長の藤村正人さん

犯人は喫茶店のマスター。動機はカネ目当てで宮崎のような不可解さはなかったが、事件は静岡・愛知の両県にまたがり、両県警の無線の波長が異なって互いに交信ができず、犯人を取り逃がす不手際があった。藤村さんたちは両県警の調整をうながし、電波でも訴えた。結果、共同無線ができ、連携が進んだという。地域にとってもとても忘れることのできない事件であったが、広域捜査に一つの成果があったことで、深く脳裏に刻まれた事件取材らしい。

藤村さんは「このエリアの人たちはマスコミ好きだ」という。情報好きといってもいい。この傾向は受付に訪ねた時、社長と別れて受付を通った時、二度にわたって痛感した。藤村さんを待つ間、二人の背広姿の男性が、受付に「担当の記者さんに届けてください」と書類を手わたしていた。受付の女性は「いま取材に出ていますが、必ず見せますから」と約束していた。帰る際には、三人の男女が玄関で女性記者の取材を受けていた。やはり情報を持って来て、その場でインタビューされているらしい。藤村さんによると、社への訪問はひっきりなしだし、電話もひんぱんにかかってくる。イベントやニュースを知らせるのだが、確かに他の新聞社を訪ねた時に比べ、活発な感じがした。紙面でもこんな調子である。

特徴は第三面。「あすの行事」欄だろうか。七月二十三日付には豊橋、蒲郡、豊川の公会堂や商工会議所の予定が出ている。七月十一日付はもっと量が多く、新城、田原も加わり、「今週の専門店・百貨店」欄では「アピタ向山店誕生祭開催中！」の記事が入っている。さらに「市民の広場」は豊橋市からのお知らせ。「『第60回豊橋まつり』の参加者を募集」。十月十八日、十九日に開かれる祭りで、踊りへの参加を呼びかけている。極めつけは一週間に一回の「学校の行事予定」。一面全部を使って集められている。七月十三日付では「十三日から十九日まで」エリア内の小学校、中学校別に網羅されていて、詳しい。ちょうど夏休みの直前にかかり「給食終了」や「夏休みを迎える会」等の予定が多い。保護者には便利だと思う。

「どろぼう天気図」

なぜこの地区の人たちは情報感度が高いのだろう。一つは戦国の昔にさかのぼる。三英傑が覇を競っていた時代、東海道は多くの武将が往来、天下をとろうとした。信長、秀吉、家康が頼ったのは武力はもちろんだが、情報であった。NHKの大河ドラマ「軍師官兵衛」でも情報を早くつかんだ方が勝ち進む場面が描かれている。家康はその中で抜きん出て情報に強く、江戸幕府の樹立にたどりついた。この風土が東三河独自の新聞環境を生んでいる。「東愛知」に対抗する郷土紙として豊橋には「東海日日新聞」がある。部数は約七千で、東愛知に勢力は及ばないが、歴史は一九四八年創刊と古い。「東愛知」は五七年十一月、「夕刊とよはし」の設立に始まり、五八年朝刊に変更、六三年「豊川市民新聞」「新城新聞」と合併、「蒲郡日日新聞」の販売網を吸収、「豊橋新聞」「岡崎毎日新聞」を吸収合併。「東愛知新聞」を名乗った。そのうえ、

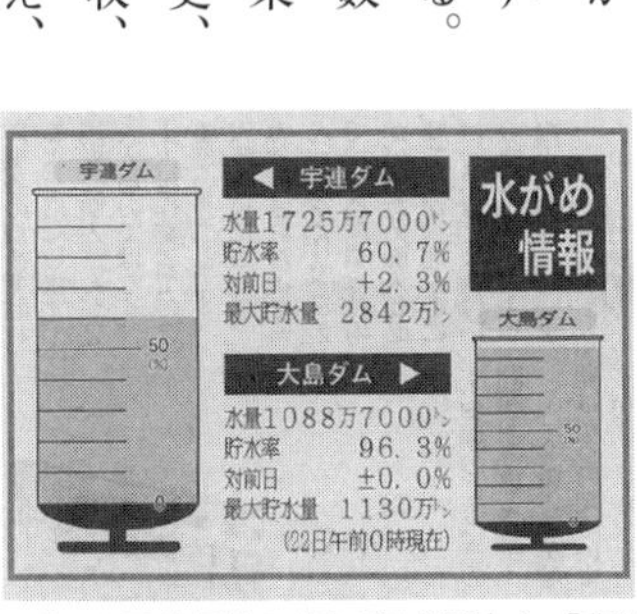

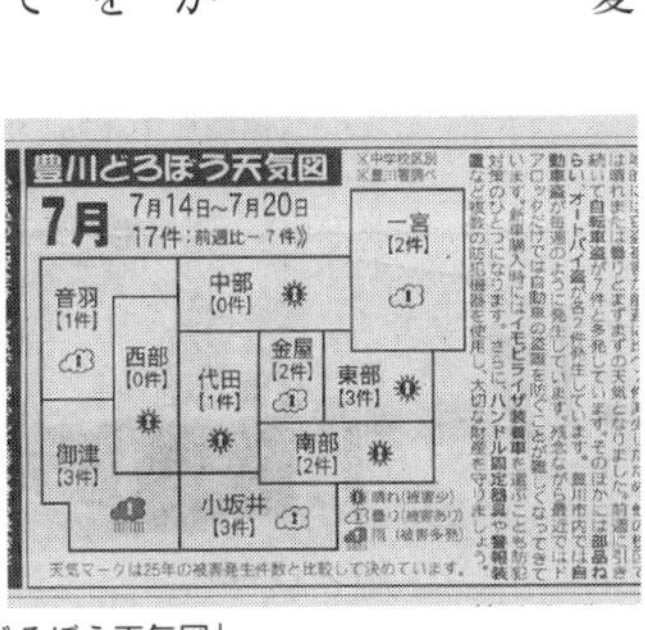

7月23日付掲載の「水がめ情報」と「豊川どろぼう天気図」

ブロック紙の「中日新聞」が強い。中日ドラゴンズファンの数も圧倒的で、中日球場に読売ジャイアンツとの一戦を取材に出向いた時は、殺気立ったピリピリしたものを感じたくらいだ。

もう一つ、この地区は製糸、鶏卵業が盛んで、相場に関心が高かった。うずらの卵の生産は圧倒的で、うずら卵カッター（うずらの卵専用はさみ）はここで開発され、全国に広まった。地元でうずらの専門紙が出されていて、生産農家は愛読していた。

「東愛知新聞」を見ても「生鮮物相場」欄で青果市場、魚市場、豊橋鶏卵の日々の高値、安値を報じ、「東三河企業の株価」も掲載している。他に目についた情報欄では、毎日「水がめ情報」が出ていた。「宇連《うれん》ダム」「大島ダム」の水量を表示している。「宇連ダム」で貯水率六〇・七％、「大島ダム」で九六・三％（七月二十三日付）この段階では給水制限までいかないが、暑さが厳しくなってくると、市民は気がかりの数字。

「どろぼう天気図」も「オヤッ」と思った。豊川の警備会社の広告とタイアップしている記事のようだが、一週間の被害件数が地区別に図で示され、晴れ（被害少）、曇り（被害あり）、雨（被害多発）のマークがついている。この週（七月二十三日付）は十七件の発生、前週と比べると七件減少しているが、自転車盗は七件と多発、御津地区は三件の発生で雨マークだが、前年の被害発生と比較して、増えているケースほど悪天候のマークがつく。豊橋からは豊田市が近く、ＢＭＷやベンツの本社専用ヤード等があって自動車の利用も盛ん。土地が広く、駐車料金は格安のようだ。一カ月五千円といった料金もザラで、一家に二台以上は普通。七月十三日付の紙面では「マイカー依存率高い地域性」の見出し。交通安全のキャンペーンに力を入れている。高齢者の事故が増えているようだ。

新聞好きの理由をもう一つつけ加えるなら、冒頭に記した名古屋への距離感だろう。新幹線で名古屋へは二十五分、浜松へは十五分。十分の差だが、時間というより家康の時代から西よりも東に目が向いている。静岡への違和感がなく、関東には譜代の地という親しみがある。東京には駿河屋や三河屋が点在し、他所とは思えないのかもしれない。名古屋は尾張の国であり、三河は別、の意識である。

藤村さんは東三河の気質を「石橋を叩いてわたらない」と説明する。ただし、誰かが叩いたうえでわたったら、その後にゾロゾロとついて行く。「鳴くまで待とう」の姿勢と関係あるのか、低く構えて、慎重に慎重にしながら、情報の蓄積は怠らない。「石橋を叩いてわたらない」のは地区の人たちがほどほどに豊かであるせい、という説がある。中流意識が強く、波風をたてる必要がない。

「中日新聞」と共存する

豊橋市立中央図書館で愛知県の資料を調べて、この地区の流れに、民間の参加力を見ることが多かった。幕末、伊勢神宮のお札が上から降ってきて、人々が「ええじゃないか、ええじゃないか」と浮かれ出し、伊勢神宮に押しかけた騒動。豊橋発祥という説もある。

一九二五年に始まった路面電車（豊橋鉄道東田本線）、いまは市内線と呼ばれて続いているが、資金不足で設立が危ぶまれた時、立ち上がったのは遊郭の主人たちであった。呼びかけで資金を提供し、発車オーライとなった。そのせいか当時、終点が遊郭のある町になっていた（「知るほど豊橋、その八」）。

米軍の空襲で焼失した豊橋駅を再建する話が出た時、計画が実現したのも民衆駅の発想のおかげだった。旧国鉄の時代だったが、地元民間の有志が積極的に協力して駅は復活した。確かに誰かが動くと、民衆のエネルギーは噴出し、まとまる土地柄のようだ。

「東愛知新聞」の販売は全国紙や「中日新聞」の販売店に委託している。時事通信からニュースを受け、要約した全国ニュースが載っているが、単独紙の方向を目指しているのではない。中日新聞とも友好的に、共存の道を歩んでいる。キャンペーン的にとり上げているのは東三河の広域化だろう。七月十一日付一面に「東三河住民と考える広域連合」の見出しが四段抜きで載っている。東三河広域協議会がシンポジウムを開くという記事である。東三河の八市町村が一体となって広域連合を設立しようという。「東愛知新聞」としては、エリアにも合致し、大いに推進したい。

広域連合の先には市町村合併の構想が描かれているのだろうが、人口減少時代にこの地域が生き残る一つの道だと思う。地域紙にとって力の入るキャンペーンである。シンポジウムは七月二十八日に開催されたが、慶應義塾大学教授で、鳥取県知事だった片山善博氏が「地方分権と広域連携の必要性～人口減少時代を迎えて～」のタイトルで講演、穂の国まちづくりネットワークの理事ら五人が愛知大学の戸田敏行教授の司会でパネルディスカッション。「東愛知新聞」は内容を詳しく報道して、この動きを盛り上げた。圏域の人口は七十八万人、うち豊橋が三十八万人。周辺にある長野県や岐阜県の県庁所在地をしのぐ人口を擁している。藤村さんは「まだまだ（拡大の）余地がある。地域紙が望みを失うことはない。活字文化を守る砦でありたい」と意気込みを語った。

いま、名物は「豊橋カレーうどん」。このうどんに五原則がある。
①自家製めんである
②豊橋名物のうずらを具に使う
③器の底にめし、その上にとろろ、カレーうどんをおく
④福神漬、または壷漬・紅しょうがをそえる
⑤愛情をもってつくる
駅近くの店で食べた。ごはんとうどんの定食セットが洗面器のような器に詰め込まれている。二人で分けて平らげた。これは名古屋に似て「お値打ち」である。

NEWSPAPER 23

デーリー東北

【でーりーとうほく】
青森県八戸市を中心とする青森県南、岩手県北地方
一九四五年十二月十五日創刊
月間購読料金：二千六百七十五円（朝刊のみ）
販売部数：十万五千部

『リベラルタイム』2014年11月号掲載

県紙に劣らない規模を誇る「デーリー東北」。
読者からは熱烈な支持を受け、
創刊当時の意気はいまも衰えていない。

創刊は終戦直後

「デーリー東北」は八戸市でのシェア（新聞購読者の中での比率）が八〇％。紙面も、規模も県紙といいたいほどだが、本拠が県庁所在地ではない、エリアが県下一円ではない点で地域紙の範疇に入る。ここまで強固な基盤をつくった原因は何か、荒瀬潔社長に切り込んだ。

荒瀬さんは「デーリー東北」に入社してサツ回りに始まり、編集局長等を経て昨年、社長に就任した。「創刊のいきさつからして、市民の新聞という気持ちが強かった」という。創刊は終戦直後の一九四五年十二月十五日。アメリカ軍の進駐がどんなものか、全く読めなかったころ、いち早く動いたのは穂積義孝さん。穂積さんは「読売新聞」や「大陸新報」の記者を務めた後、戦争中に故郷に戻っていた。用紙の割り当てはＧＨＱ（連合国軍最高司令官総司令部）が握っていたので、タブロイド一枚、表裏のヒナ型をつくって許可をもらいに行ったが、受けをよくしようと裏は英語にし、進駐軍キャンプにも配布すると申し出た。「その必要なし」ということになったが、題字を「デーリー東北」にしたのも、日米両用を考えてのことだったという。

社是には「自由と正義に貫かれた純粋新聞道を護持」とうたい、意気盛んな船出であった。当時は極端

社長の荒瀬潔さん

なモノ不足。「八戸では魚の包み紙として引っ張りだこだった」「津軽でも売れたのはリンゴ袋の材料として利用されたため」（『デーリー東北五十年史』）。情報ではなく、紙として重用されたエピソードが描かれている。

四一年、軍部の方針で一県一紙に統一され、地域紙は青森市の「東奥《とうおう》日報」に吸収された。八戸市の「奥南《おうなん》日報」はこれを拒み、あえて廃刊の道を選んだ。この姿勢が「デーリー東北」の源流と考えていいのではないか。終戦直後、明日が見えない中「八戸で新聞を出そう」と機運が燃え上がったのは、この時の悔しさが尾を引いていたと思う。

エリアは「青森県を縦半分に割った太平洋側（青森県南）と岩手県北の北奥羽地方」である。県をまたいでこの地方をくくるものは何か。青森市と八戸市を対比するとよくわかる。一つは津軽藩と南部藩。藩が同じという点では八戸と盛岡は南部藩、双方「南部せんべい」を名物にする。盛岡と違いを出さなければと「八戸せんべい汁」を売り出し、B‐1グランプリでゴールドグランプリに輝いたが、名産を共有する意識はなじみやすい。

かつて冷害に苦しみ、飢餓から「娘を売る」ような困窮をより濃く味わったのは八戸の側である。祭りの様子も違う。青森のねぶたは「ラッセーラ、ラッセーラ」と激しく動くのに対して、八戸の三社大祭は優雅に山車が巡行する。動と静である。言葉も違う。青森の方言二千二百十三語を分類すると津軽語八百七十二語、南部語五百四十六語、共通七百七十七語と『津軽と南部の方言』（工藤祐著、北方新社刊）は書いている。もっともこれは三五年頃に調査されたもので、いまどれだけ違うのかは判然としないが、同じ県で方言の相違が立派な研究になることにびっくりする。

江戸の初め、盛岡藩に対して、八戸藩は二万石の支藩とされた。明治に入って県庁が青森に置かれたのは、南部の人たちにとって意外で心外だった。荒瀬さんは「北奥羽でまとまって国に働きかけ、大きなプロジェクトを次々呼び込んだ」という。東北新幹線は、太平洋周りか日本海周りかのルート設定でもめた後、現在の八戸を経由する太平洋周りで決着した。北奥羽の悲願はかつての度重なる飢餓からの脱出であった。県域を超えての運動が国を動かした。先頭で旗を振ったのは元首相の鈴木善幸さん（岩手県山田町出身）だった。

「デーリー東北」が必要とされた理由は県庁所在地に対する意識にあるし、地域の新聞として伸びてきた背景もここにある。高速道路のルート設定や新産業都市の指定や高専の誘致等の実現は、貧しさからの脱出にかけた執念ではあったが、津軽藩に対する南部藩の一体感の成果である。八戸の市民には青森県庁に強い対抗心があるようだ。県の統一を乱している訳ではなく、北奥羽出身の知事も輩出（現知事の三村申吾さんは「デーリー東北」のエリアであるおいらせ町の出身）しているが、対抗心はいまも消えていない。荒瀬さんは「八戸では市役所のことを市庁とよびます。県庁なにするものぞの気持ちがこもっている」と話す。八戸を中心とする地域の特性に興味を持ちすぎた。紙面の紹介に入るまで、紙幅をとりすぎたかもしれない。

読者からの凄まじい反応

紙面の内容や構成は県紙とほとんど変わらない。一面をざっと見ても県全体のニュースがトップを張り、地域の情報が入っているものの、全国ニュースも一定の大きさを占めている。例えば八月十七日付の一面。トップは十和田湖遊覧船の再開の記事で地元ダネだが、左三段で「年末景気九四％『回復』」、共同通信調査の全国ニュース、写真もので夏の甲子園、盛岡大付高の初勝利を伝えている。その中でエリア内の九戸中出身選手の活躍を特筆、コラムの「天鐘《てんしょう》」は高校生の理科離れを取り上げている。五面は海外ニュース面になっており、ウクライナやイラクの動きもきちっと押さえている。

荒瀬さんは社長になって「日本に二つとない新聞をつくろう」と呼びかけた。この意味は、県紙と地域紙、二つのよさを合わせることかと理解したが、むしろ地域紙の色合いを強くし、もっと読者に近づこう、徹底的に住民と触れ合い、地域の気持ちを汲み取ろうという試みのようだ。社員の中から有志を選び、研究会を始めている。月一回、八戸出身で東京在住のアドバイザーを交え、議論を重ねている。どんな答案ができるか、まだ輪郭は見えていないようだが、読者の支持が熱烈だけに、小さな変化が激しい反響を呼ぶことがある。

紙面の改革等に対し、「誰の許可を得てやったんだ」とか「俺は許さん」とか怒りの電話がかかってくる。二〇〇一年、輪転機のトラブルで印刷ができず、配達が十数時間遅れた時は、全市がパニックに陥ったかと思うくらい凄まじい「反応」があった。社員や販売店は改めて「デーリー東北」が生活そのものに組み込まれていると知ったし、荒瀬さんは「（新聞は）ライフラインだと受け止めました」と振り返る。そんな「反応」を考えると、簡単に「地域紙の性格を徹底させ、全国ニュースや海外ニュースをやめる」とはならない。「デーリー東北」一紙を唯一つの情報源にしている読者がいるからである。

編集局次長の広瀬知明さんは「市民記者」を担当している。この制度は地域により近づく試みの一つだ。三年前から着手したが、今年、市民からの公募で十一人を選び、月一回「市民がつくるページ」を設けている。六月二十七日付では八戸市の上野幸さんら五人が執筆。ページの右には記者たちの顔写真が入っている。上野さんは「3Dプリンターで工作」のトップ記事を、二番手の「二戸地域『カシオペア連邦局おもてなし課』」は二戸市の久慈浩介さんが書いている。広瀬さんは「全て市民記者に任せ、よほどのことがない限りプロは介入しない」と話す。市民記者の職業は様々、考え方も多様である。

八月二十五日付二十一面（社会面）のトップには「多様な性　知ってほしい」が載っている。ボランティアサークル「スクランブルエッグ」は六年間、性的少数派に対する知識の普及や偏見を取り払う活動をしてい

2014年（平成26年）8月25日（月曜日）

多様な性 知ってほしい

ボランティアサークル「スクランブルエッグ」

市民×記者

本紙記者

青森県内でメッセージ展や講座

性的少数派への理解 偏見の排除訴え活動

教育で正しい知識伝

市民記者と共同で作成された記事

るが、このサークルの代表、副代表等三名が取材に応じ、これまでの苦悩を語り、社会の理解を求めた記事である。記事前文の署名は「市民記者・上野幸」となっており、最後に「本紙記者・岩舘貴俊」の署名があって「この記事は市民記者と本紙記者が共同で取材、執筆したものです」の注がついている。

初めてのコラボ取材である。掲載に至る経過は詮索しなかったが、市民記者の存在があって、性的少数派が登場できたのではないか。多様な埋もれたニュースが発掘された例かもしれない。注では「随時掲載」となっている。市民記者×本紙記者のコンビによる取材、執筆は新聞づくりの常識を破るかもしれない。ネットの世界では市民からの発信は乱れ飛んでいる。地域新聞が吸い上げる場合はどんな形になるのか、試行錯誤が続くことだろう。

多面的な取り組み

もう一つ、「デーリー東北」の試みを紹介しよう、「デーリー小中学生新聞」、略称「週刊ＤＪ」である。八ページタブロイド判、ニュースを小、中学生向けにわかりやすく提供している。八月十七日付の一面は、八戸の中心街で三六・一度を記録した暑さの解説。「わが校自慢」や「イキイキ部活」等でエリア内の学校の活動を紹介するページがあり、英語を学ぶ欄もある。最終面は「英語パズルにちょうせん！」。英語が小学校でも教えられるようになった流れを受けてか、力が入っている。

筆者は毎日新聞で、学生新聞本部長をしていたことがある。戦前から続く小学生新聞は歴史の長いメディアであったが、発刊のねらいは「子どものころから新聞になじんでもらって大人になったら本紙の読者にしよう」との魂胆であったと聞く。遠大な販促計画であったが、いまは「学習に新聞を」の運動が行われている。「デーリー東北」の試みは多面的だろうと思うが、学校ニュースが地域新聞の得意分野と考えると、独立した週刊新聞にするのは活路を開くのかもしれない。

エリア内に六ヶ所村がある。核燃料再処理工場等エネルギー基地として開発が行われている。筆者がルポに向かったのは遊軍記者のころだったから、半世紀近く前になる。まだ荒涼とした村であった。村長室を訪ねたら、ソファで村民が横になって居眠りしていた。村長は「起きろ」ともいわず、インタビューを受けた。六ヶ所をシンボルとしたむつ小川原開発は動き始めて、計画は現実のものになっている。

「デーリー東北」は長年にわたってキャンペーンを展開し、単行本にした。タイトルは『検証　むつ小川原の30年』である。荒瀬さんは途方もなく長かった計画を追った経験から「国や経済界は現場を知らない」と結論づける。現場に立脚する視点が欠けていたのではないかと。全ての齟齬はそこから始まっている。荒瀬さんが語調を強めた裏には、自戒の意味も込められていたのではないか。

NEWSPAPER 24

神静民報

【しんせいみんぽう】
神奈川県小田原市、南足柄市、
静岡県熱海市泉地区、足柄上・下郡等
一九四六年二月一一日創刊
月間購読料金：二千円（朝刊のみ）販売部数：八千部

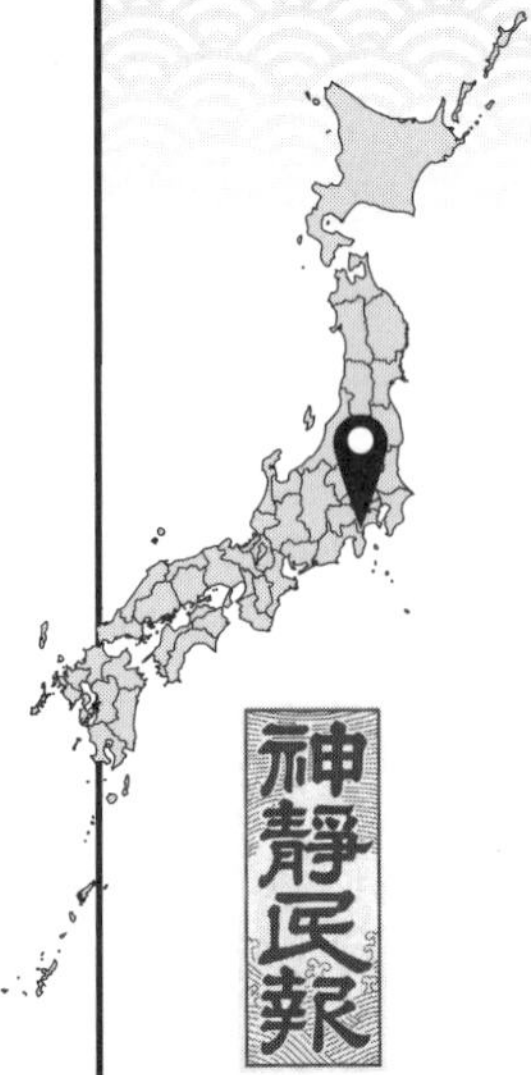

購読地域が神奈川県西部と一部静岡にまたがる神静民報。
地元企業や商店の後押しに支えられてきたが、
途中から地元の教師も参加し、地域色を出している。

『リベラルタイム』2014年12月号掲載

山の中の社屋

「神静民報」は小田原に本拠を置くが、創刊当初は静岡県の沼津あたりまでをエリアに考えていた。熱海、伊豆等も小田原の商圏に入っていたからである。社名は神奈川と静岡から一字をとっている。いまは箱根の比重が大きい。

車で小田原市役所から住宅街を抜けて山の中に入り、坂を上がる。市役所からは十分余り。車を降りると平屋の建物が二棟。左が印刷工場で、右が編集や事務部門、社長の田中一之さんに会って、最初に聞いたのは「どうしてここへ？」であった。

郷土紙の多くは市役所か駅の近くか、中心部から離れていても幹線道路に面している。しかし、ここは山の中。近くにお寺と墓地があったが、周りには民家も商店もない。新聞づくりに不便ではないのか。田中さんによると「以前は栄町の繁華街に本社を構えていました。二ページだった新聞を倍に増やす時に、印刷機械を増強する必要が出てきた」。ところが栄町では土地が狭く、拡張できないし、移るとしても地代が高い。思い切って現在地に来ると土地は広いし、駐車場もたっぷりとれる。（以前は駐車場がとれなかったが）ここなら社員は全員車で通える。箱根、湯河原や山北町等にも三十分くらいで行ける。

社長の田中一之さん

「ここは二市八町のエリアの中心点になるんですよ」。どこに行くにもほぼ等距離と、いいことずくめの様子。問題は読者との親近感をどう保つかだが、「このごろ慣れたのか、よく訪ねて来てくれますよ」（田中さん）。訪問にあたって駐車場の心配がないのは利点だし、空気はいいし雑音がないので話がはずむ。昼食は弁当持参で問題なく、マイナスは暗闇に覆われるくらいか。「車で帰る時に大きなシカが横切ってびっくりしたことがあります」と田中さん。

最近は小田原の市内でもイノシシやシカが頻繁に顔を出す。決して山の中だけの話ではないから、気にすることもない。創刊は一九四六年二月。週刊紙としてスタートし、翌年、日刊に変わった。田中さんが伝え聞いたところでは、長く小田原の市長をしていた鈴木十郎さんらが、初代神奈川新聞小田原支局長だった、現社長の祖父・田中要之助さんに「ローカルの新聞を出さんか」と強く薦めたらしい。鈴木さんは読売新聞、朝日新聞の記者を経て歌舞伎座の支配人をしていた人だが、自らが郷里で新聞を出したかったのかもしれない。

鈴木さんは四九年から二十年間、市長の任にあったが、「神静民報」のよき理解者であったようだ。加えて地元の企業、商店、金融機関の後押しが新聞を支えてきた。小田原と箱根は一体である。商工会議所は小田原箱根と称する。二つの市町が一つの会議所の下にまとまっている。田中さんは「箱根が前面に出て、小田原が後ろで支えている関係」という。箱根のみやげ物は小田原で製造している。かまぼこも、サカナの干ものも、菓子類も。

田中さんは五七年生まれ。保険会社でサラリーマンを数年体験して、父親の久雄さんが社長だった時に新聞社に入社。父親が病気で亡くなり、三十六歳であとを継ぐ。三代目である。

田中さんと話しているうちに気づいたのは、この新聞を守ってきたのは、中小企業のおやじさんやおかみさんだった、ということ。箱根の温泉旅館や小田原の水産加工業者等が、少額だが数多く、支援の輪に入った。新聞では盆暮れにあいさつ代わりの広告を集めるが、担当者がある会社を訪ねると「お宅の分はとってあるよ」といって一万円を出してきた。景気に関係なく、お付き合い代として別枠に組み込んである。

落ちついた土地柄

部数は八千部。シェアは高くないが、地域の特性を生かしているのは月一回発行のフリーペーパー「ぴ～あーる」。十万部発行している。十月号を見ると、一面には「小田原地下街　11月開業」等のニュースが入り、二～四面にはお知らせや広告が入る。

箱根は美術館が多い。一つの町で二十を超えるのは全国的にも珍しい。有名なところでは「彫刻の森美術館」や「ポーラ美術館」。最近「岡田美術館」がオープンし、浮世絵等の収蔵品が人気を呼んで二千八百円と入場料はやや高いが、行列ができている。実業家の岡田和生さんが生涯かけて収集した絶品が評判を呼んでいるのだ。見開きを中心に、美術館の特別展の案内や仙石原のすすき情報等があり、お出かけの参考になる。四面には国民年金基金のQ＆Aやプレゼントの話等。フリーペーパーだが、きちっと地元のニュースをまとめ、イベントや生活情報をおさえている。

三重県の名張市では元読売新聞記者がフリーペーパー一本で勝負している。ニュースを主体とし、広告でペイするやり方で、全戸配布の威力を発揮している。ニュースと配達網の力で、折り込み等も入ってくるようだ。地域新聞からは「これからのビジネスモデルになるかもしれない」と注目されている。「神静民報」のフリーペーパーは月一回発行と頻度は少ないが、小田原、箱根、湯河原といった町の特性を考える時、強い武器になるのではないか。

小田原には新幹線の駅があり、東京に通勤するサラリーマンが住んでいるが、古く北条氏を始まりとする城下町でもある。交通は進化してきたが、町を包む文化はまとまりを維持できた。小田原市の人口はほぼ二十万人。増えもせず、減りもせずに続いているのに、町の落ち着きを見ることができるかもしれない。田中さんは「この地域の人はおっとりしています」と評する。彼自身にもこの評は当てはまる。新聞社の社長にしては、あわてる風がない。話し方も、動作もゆっくりと、生まれついた場所のように山のみどりや静けさと溶け込んでいる。

地元の教師たちが参加

二十年ほど前、学校を退職した先生が訪ねて来た。「文芸欄をつくりませんか。私たちが手伝います」という。この先生が中心になって「神静文芸」は誕生した。企画も、原稿依頼も先生たちにお任せ。いまも週一回、掲載されている。十月四日付を見る。二面の全てをあてている。署名入りの寄稿文が四本。「わたしの断舎離」（楓川あけみ）、「河童のはなし」（檜佐義明）、「ノビタキ」（峯岸弘子）、「帆の歴史」（猪俣昭良）。楓川さんは小田原市在住の歌人。檜佐さんは大井町在住のアートプロデューサー。郷土史家でもある。峯岸さんは小田原市在住、ノビタキのスケッチ入りで、短文を寄せている。猪俣さんは海上保安官等を経て漫画家として活躍していた（故人）。帆船のイラストがユーモラス。八二年、読売漫画大賞優秀賞をとったと経歴に書いてあった。

あとの記事は「神静文芸物語」と「雑誌紹介」。文芸物語は二百四十回を数えているが、この回は堀口大学のこと。「小田原との関わりは、大正14年7月、堀口大学は、与謝野夫妻らと小田原の白秋の木菟（みみづく）の家を訪ねる」。箱根への途中に寄ることが多かったのだろう。昔から文人、作家が頻繁に往来していた。文芸欄のタネはつきない。

この先生の人脈で別の先生が「自然とともに」という連載企画を持ってきた。これも週一回の掲載。十月十日付は五百八回で、一面左下に載っている。日本蟻類研究会会員の酒井春彦さんが書いているが、この回で取り上げているのは「クルマバッタモドキ」。筆者が撮った写真付き。「草地に設けられた木の階段の上に、2匹のバッタが日向ぼっこをしていました」と身近

神静文芸
わたしの断捨離　楓川　あけみ
ノビタキ　峯岸　弘子
神静文芸物語
河童のはなし①
帆の歴史　7

毎週土曜日に掲載される「神静文芸」

な観察から文章は始まる。学校での学習に、この記事を使うこともあると聞く。この連載は四人でまわしているが、現役の先生、OB、学芸員がメンバーである。

文芸の先生のグループに俳句会をやっている人がおり、その提案で年一回の俳句大会が始まった。事務局は先生たちが引き受けてくれる。大会には七十人ほどの応募があるが、選者は投稿者たちである。一人ひとりが「うまい」と思う句に投票し、最優秀賞以下を選ぶ。

連鎖はさらに続いた。小学校の先生の提案で「こどものひろば」が始まった。第一回は七月十六日付。不定期連載となっているが、この日は第二面を一ページ使っている。いい出しっぺの二宮龍也先生の言葉が載っている。「子どもたちの発想は素敵だ。自由な表現法には、笑顔が生まれる。子どもたちの文化を認めることは、さらに子どもたちの表現の幅を広げる」。先生は小田原市在住の小学校教諭。神奈川児童文化振興会会長でもある。

この面には子どもたちの詩画、句等の作品が紹介され、「よみきかせ　楽しい出会い」の寄稿が載っている。先生の輪が広がって、四つの企画に実った。先生たちは提案するだけではない。制作に関わり、時には執筆もする。新聞にとってありがたい存在である。地域新聞ならではの関係といえる。「神静民報創刊五十周年記念誌」（九六年十一月刊）を読んで、この新聞らしい社風のようなものに気づいた。「神静民報」で育って全国紙に移った記者たちの寄稿が載っている。例えば毎日新聞に転じた遠藤重吉さん。四六年、復員して小田原の街を歩いていたら電柱に「神静民報、経理事務員募集」のビラが貼ってあった。飛びこんだら「記事を書きなさい」といわれ記者に。間もなく毎日新聞秦野通信部記者が空席になって移ったが、当時の田中社長は「立派な記者になってくれ、私のところは記者養成学校でいいんだ」と励ました。遠藤さんは社長の目がうるんでいたのを忘れないと書いている。

朝日、読売、共同通信等にも転出していった。「神静民報」は一行の記事も書いたことのない男たちを記者として育て、全国紙に送り込んだ。「記者養成学校でいい」といった初代社長の思いには泣ける。アメリカではコミュニティペーパーで筆力をあげ、ニューヨークタイムスやワシントンポストで名物記者になった例が多い。日本ではそのシステムができあがっていないが、初代社長は役割を自覚していたのかどうか。

小田原は二宮尊徳の故郷で報徳会の活動も盛んである。いまこの地に「ほうとくエネルギー」という会社が生まれ、エネルギーの地産地消を目指す。旗振り役は小田原の名産品かまぼこの「鈴廣」社長の鈴木博晶さんと、弟で副社長の鈴木悌介《ていすけ》さん。悌介さんは小田原箱根商工会議所会頭でもあり、脱原発を説く経済人である。尊徳は幕末、現場を歩いた改革者であった。この熱情が小田原箱根に再び灯をともす。ミニ水力発電や木材活用等の新方式を生むかもしれぬ。

NEWSPAPER 25

人吉新聞

【ひとよししんぶん】
熊本県人吉市、球磨郡
一九五八年九月十五日創刊
月間購読料金：一千九百四十四円（夕刊のみ）
販売部数：一万五千部

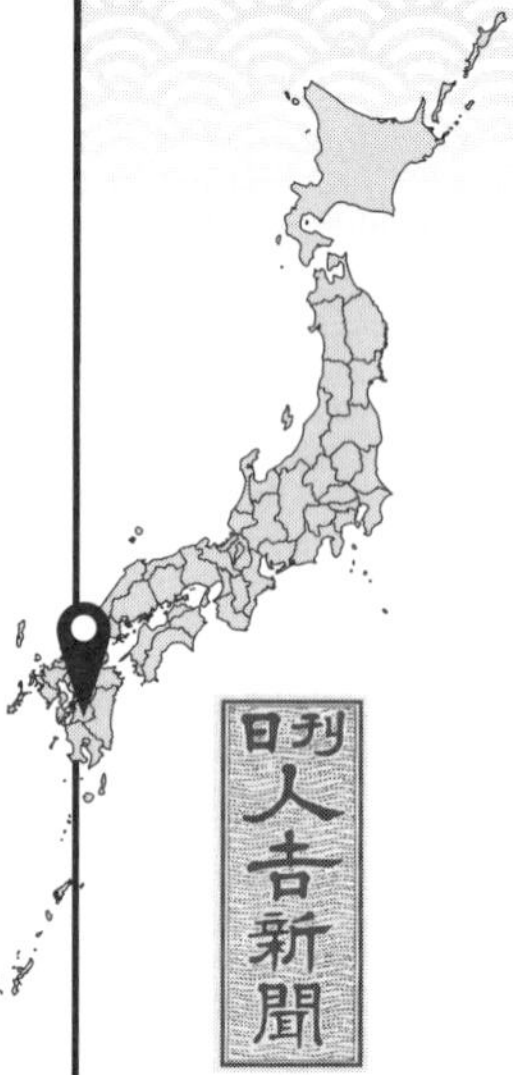

『リベラルタイム』2015年1月号掲載

ほぼ半分の家が玄関のカギをかけないような「おひとよし」といわれる人たちが暮らす、人吉。その人柄と、盆地という土地柄が新聞を育ててきた。

鹿児島空港から車で約一時間。人吉は山に囲まれている。川辺川《かわべ》が合流し、球磨《くま》川は大きく豊かな川となって盆地を貫く。「人吉新聞」は人吉市と球磨郡九町村の盆地（約十万人）をエリアとする。

自慢の販売組織

人吉に入って、まず城跡に立った。ここは相良《さがら》家が治めていた。時代は鎌倉幕府までさかのぼる。相良頼景《よりかげ》が源頼朝によって九州に飛ばされ、多良木荘《たらぎしょう》にたどり着いたのが一一九三年。ここから廃藩置県の一八七一年までを数えると六百七十八年間。

司馬遼太郎さんは『街道をゆく――肥薩の道』（朝日新聞社刊）の中で「江戸幕府の諸大名のなかで相良氏と島津氏が最古の家系であった」と書く。争乱やとりつぶしの歴史の中で、二万二千石の小藩が人吉で長く存続したのは奇跡に近い。しかも島津と細川という大藩に囲まれていたのだ。

司馬さんは続ける。「英雄がこの家系を維持させたのではなく、人吉という地理的事情がこの家系を維持させた」。隣の藩からも攻め切れなかった険しい山々。地元の人ですら「おそろしか川ですよ」という急流の球磨川。この地形が相良家三十七代の奇跡をもたらしたが、「人吉新聞」の成功も地理的な隔絶感を理由の一つに挙げてよい。

社長の石蔵尚之さんは「かつては災害に襲われるたびに陸の孤島といわれました。球磨モンローという言葉もあります」。〝肥後もっこす〟といわれる人柄。これを一人一党と称する人がいるが、凝り固まるのに時間はいらない。高速道路が開通して便利になったが、かつては熊本市にある県庁に行くのに二時間半かかった。そんな地域が新聞を育てた。唯一無比、盆地の情報紙であった。

相良氏のために付け加えておくが、この藩は地形のみによって存続したのではない。藤原の流れをくむ名家のプライドがあり、外交交渉において巧みであった。相手が弱いと見れば攻め、強いと見れば引く。その判断に優れていた。家臣の間で内紛はあったが、なんとか藩主の下に治まって、まとまってきた。明治維新では子爵を授けられ、現在も子孫は東京に住んでいると聞く。誠にめでたい家系である。

社長の石蔵尚之さん

これは人吉盆地のめでたさでもある。人吉人を「おひとよし」と呼ぶのも一面を突いている。人吉出身のヒーローは元巨人軍監督の川上哲治さんである。川上さんは『もっこす人生』（日本放送出版協会刊）の中で「人吉というくらいですから悪いことのできる人間がいるはずもなく」と書いている。人のよい人たちが、盆地に寄りそってコツコツと日々の営みを続けている。人吉に泊まって朝を迎えた時、窓外の球磨川に霧がかかっていた。水面から霧がさっと晴れていく瞬間を追いながら、地域への愛しさがこみあげてきた。

石蔵尚之さんは四代目の社長である。祖父の正次さんが創業者で、父の昌祐さん、母の美佐子さんとつないできた。現在三人兄弟で経営を担っている。石蔵さんは長男。次男の宗久さんが専務・報道局長、三男の欣也さんが常務・業務局長である。初代は「フクニチ新聞」の記者であった。別府支局を最後に人吉へ来て、新聞を創刊した。一九五八年のことだ。

　この地には盆と暮れに発行して広告で稼ぐ新聞があったが、地域ニュースを基本とする新聞はなかった。「人吉新聞」の創刊当初は週刊で、その後、日刊に変わる。販売の組織が自慢である。専売店が十カ所の他に、取次店と呼ぶネットワークが五カ所ある。熱心な読者が自宅の軒先を貸してくれている。ここへ新聞の包みを届けておくと配達員が来て、担当の部数を持って配達する。

　配達員は年配の人が多い。かつては若者が多かったが、少子高齢化の波を受けている。この傾向は各地で進行しているが、メリットもある。高齢者の方が地理に詳しいし、人をよく知っているし、新聞好きが多い。いざという時に駆けつけてくれるし、情報提供の度合いが頻繁である。軒先の取次所は、この地域ならではだと思う。「おひとよし」の一表現かもしれない。付け加えるなら、石蔵家の兄弟に女性が一人いる。宝塚歌劇団の轟悠《とどろきゆう》さん。男役で雪組の元トップスター（現在は専科に配属）。劇団の理事を務めており、春日野八千代《かすがのやちよ》さん（※）を継ぐ人材との呼び声が高い。

※春日野八千代＝戦前から劇団に所属した、人気男役スター。二〇一二年に亡くなるまで所属し、歴代最年長の生徒だった。

全国紙とは異なる視点

編集方針は「地域密着、FACTに徹する」。郷土紙としては当たり前だが、具体的には「毎日一人五本（記事を）出せ」。記者が十人いるから、毎日五十本近く出てくる計算になる。とても全部を掲載できないだろうが、この心は「細かい、小さいニュースも落とすな」である。「○○さんのネコが赤ちゃんを産んだ」という出来事にまで神経を使ってほしいと考える。

七六年のことだから古い話だが、人吉でゴルフの日本プロオープンが開催された。全国紙や県紙は成績や戦評を中心に載せるが、「人吉新聞」の視点は違った。当時の人気プロ、尾崎将司選手や中島常幸選手等が何時にどういう経路で人吉に着いて、どこの旅館に泊まったか、夕食は何だったか、を書いた。全国的なニュースであっても、地域紙の取り上げ方は異なる。全国ニュースに地域独自の目を当てる。それを大胆に取材し、取り上げる。

最近の全国ニュースは、女子高生殺害事件である。地元にとっては悲しく、やり切れない事件だった。二〇一四年五月に行方不明になった女子高生が、六月に山中から遺体で発見されるという結末を辿る。容疑者は浜松市の、当時四十七歳の男だった。遠く離れた二地点の間にどんな関係が生じたのか。つないだのがインターネットであったとわかって、現代文明の闇に警告を発した事件でもあった。

遺体が発見されたのは土曜日で、翌日の新聞は休み。「人吉新聞」は号外（タブロイド判二ページ）を出した。表面《おもて》では事件の筋と関係者の談話、裏面は写真特集（五枚）になっている。容疑者が熊本駅に到着した時の写真は朝日新聞社提供。被害者の通っていた高校に詰めかけた報道陣、立ち入り禁止の張り札がかかった同校正門前の写真が入っているのは、地域新聞の視点だろうか。朝日新聞社の提供が入っているのは、十年前から記事の提携をしているからだ。全国ニュースや熊本市の関連では受ける側だが、球磨・人吉のニュースは、逆に提供する側になる。ギブ・アンド・テイクの関係ができている。

女子高生の事件では「人吉新聞」がリードしたそうだ。女子高生は一カ月ほど行方不明であった。静岡県警が別件で逮捕した男が犯人らしいという情報が入った。「人吉新聞」では「不明」の記事をベタで入れ、これが「人吉新聞は書くぞ」の気配を生み、新聞、テレビ各社に緊張感が走った。テレビが速報で報じ、事件は急展開。日曜の朝、号外を出す状況になった。

事件は全国で大きく報じられたが、「人吉新聞」にとっては、ごく近い感覚で受け止めるニュースだった。被害者の同級生からは「行方不明」の段階から「公開して捜してほしい」との要望が寄せられた。同級生にとっては、ただ時間を空費する訳にはいかない。何かアクションを起こして、一点突破したい切迫した気持ちだったのだろう。人吉新聞社の社員が二人、被害者の家庭と家族ぐるみの付き合いをしていた。例えば全国紙の記者なら

行方不明の女子高生か？
日刊 人吉新聞
容疑者の自供どおり 高塚山に遺体
号外

6月8日に発行された号外

警察を通して入ってくる情報が、ストレートにビンビンくる。これをどう報道するかは悩ましい。石蔵さんは「被害者に徹底的に寄り添う。被害者の立場で考えるように努めました」と話す。そして「人吉新聞」は事件が解決して一件落着とはいかなかった。事件の教訓をまとめる必要があった。「未然に防ぐことはできなかったのか」がテーマである。

住民に調査したところ、「困った時」に誰かに相談すると答えたのは約八〇%。知らない人でも直接相談に行きます、と答えたのは六〇%だった。「人を疑わない」この盆地の特性が出ている。かつての日本人が持っていた人のよさなのだが、いまのようにネットやケータイで、色んな魂胆を持った、見知らぬ人間がアプローチしてくる時代、無防備でいいのか。協議会をつくって対策を論じているが、「人を疑え」という結論に持っていくのは、辛いことではある。

社員全員での営業

紀行作家のイザベラ・バードを始め、明治期に日本を旅した外国人が一様に驚いたのは、日本人の優しい受け入れの心であった。民俗学者の宮本常一さんは全国約一千軒の民家に泊まった記録を持つが、戦前の日本人は、見知らぬ人でも旅の苦労をねぎらい、笑顔で家にあげて泊めた。当たり前のようにもてなし、翌日、旅人は次なる土地へと去って行った。

「人吉新聞」では、販売は販売部と販売店だけに任せるものではない。社員全員（四十人）で拡張するんだという精神で、二カ月に一回の割合で日曜日、十時から十三時まで、域内の各戸をまわる。特に郡部では、ほぼ半分の家で玄関のカギがかかっていない。「ごめんください」と大きな声を出しても、返事がない。田畑に出て農作業をしているのだ。各戸をまわると、かつては三十分に一軒くらい購読者が獲得できた。いまは三時間で一軒くらいである。それだけ新聞の力は落ちている。しかし会社ではこの慣習をやめる気はない。制作であれ、編集であれ、一軒一軒まわることで何かつかむものがあると考えるからだ。住民の日常に触れることによって、企画もニュースも発見できる。現場感覚が身に着く。

これからの課題は郡と市のカベをどう除くかだと社長はいう。盆地の中、一つになればいいじゃないか、と他所から来た筆者は思う。まだ郡の中に九つも町や村が残っているなんて。例えば五木《いつき》村は人口一千二百人ほどである。こんな小さな村が、盆地の一体感の中でカベを取っ払わないのか、といぶかしい。そこが一人一党のゆえんなのだろう。農業と林業を基盤にしてきたこの地方は、変革に洗われている。古いものを新しくするのと、新しいものを受け入れるのが、これからの方向だ。いま熱く語られているのは観光である。そのためには広域化と一体化が急務ではないか。

次の日、五木村と水上《みずかみ》村に行った。人吉からそれぞれ車で四十~五十分かかった。山が深く、三層にも四層にも連なっている。山道を走りながら、それぞれの町や村の孤絶感を思った。盆地全体を覆う〝もっこす〟が、小さく分立して「妥協はいやじゃ」と頑張っている。

地域紙よ、おこれ

ここでとり上げたのは地域紙である。雑誌に連載中は郷土紙という呼称を使っていた。よく地方紙と間違えられた。地方紙は県紙ともよび、県庁所在地に本社があって県（府道も含む）全体をカバーしている。地元のニュースだけでなく、国際関係や全国の情報ものっている。全国紙と対抗して読者獲得にしのぎを削っている。地域紙は一つの圏域をカバーする。部数も一万部に満たないものから十万部を超えるものまで、日刊が多いが週三日刊や週刊もある。「日本地域新聞ガイド」２０１４〜１５年版（日本地域新聞図書館）によると全国で二百四紙。（「デーリー東北」を含む）うち二十六紙は日本新聞協会に加盟している。

このリストでもっとも古いのは「米澤新聞」で明治十二年の創刊。以来自由民権運動の高まり、国会開設の機運などに乗って各地で政論を打ち出す新聞が出された。太平洋戦争前になると軍部が統制に乗り出し、一県一紙に押さえこまれる（現在の県紙、ブロック紙はその名残り）。地域紙が活況を迎えたのは戦後間もなく、ＧＨＱが奨励し、民主化のシンボルとばかりに林立した。一つの市や町で数紙が発刊され、競い合った。なかには協賛広告を集めるためだけの〝盆暮れ新聞〟やちょうちん記事を書いては寄付をいただくいかがわしい新聞もあった。徐々に淘汰されて地域の情報を公正に取材して、提供し、購読料と広告代で経営する地域紙というジャンルが形成されてきたが、昭和四十年代半ばから五十年代はじめにかけて地方の時代とよぶ時期があった。このころ、地域紙は拡大、充実期だったかもしれない。

地域紙をはじめて取材したのは毎日新聞編集委員で「夕刊3面」を担当しているとき。社長から「同期生が定年退職してミニコミ紙をはじめた。取材してくれんか」といってきた。昭和五十五年の八月、埼玉県川口市の「新郷タイムス」で叶《かのう》公さんと会った。彼が住んでいたのが旧新郷村、急激に住宅地に変ぼうしている地域だったが、創刊して二年目だった。月二回刊、夫婦で取材して配って集金する新聞で、やっと二千二百部までできていた。叶さんは整理部が長かったが、支局で自転車でまわっているころ、「いつか小さな新聞を出したい」と考えていた。退職金をつぎこんでその夢を叶えたが、経営はまったくの素人。子供三人が「ミスターサマータイム」でヒットを飛ばしたサーカスのメンバーで「サーカスの父」は売りになったが、コンサートを開いたくらいで、広告とりはしない。購読の勧誘はしない。というのだから、高度成長にも乗れなかった。叶さんが病気で倒れ廃刊したときいたが、地元の人が感謝の集いを催したという。彼にとってはなによりの賞だった。整理の職場で鬼のような顔をしていた叶さんが、インタビューの間、おだやかで、ほていさんのようだったのは忘れられない。幸せな第二の人生だったのではないか。サーカスの息子がテレビで「父を尊敬している」といったのをくり返し喜んでいた。

当時も、いまももっとも地域紙が盛んなのは長野県である。世帯占有率が九十%を超す「岡谷市民新聞」や県紙の「信濃毎日新聞」とそん色ない内容を誇る、松本市の「市民タイムス」が有名だったが、長野市近郊の町で、七十%の占有率を持つ「須坂新聞」(週一回刊)に目星をつけ、取材したのが二度目の地域紙体験であった。昭和五十九年六月、同じ「夕刊3面」でとり上げた。創刊したのは「信濃毎日新聞」の記者をしていた北沢邦夫さん。中野支局長で退社し、故郷の須坂市で発刊した。創刊から十五年ほど経過していたが、三階建の新社屋が建ったばかり、エリア内一万九千世帯に対し部数一万三千三百部。影響力抜群で経営は安定していた。北沢さんにインタビューしていまも残っている言葉が二つある。一つはタブロイド八ページの新聞に地元の人の名前を三百以上のせること。ゲラの段階で名前の数を一人、二人……と勘定し、足りないときは新しく取材を加えても、厳格に守ったという。名前をのせることが読者に喜ばれ、部数増につながった。もう一つはニュースがなければ学校に行ったこと。「その町に学校があれば地域紙は成り立ちますよ」とよくいっていた。学校を訪ねてもニュースがないときはある。そのときは児童や生徒たちの絵画や書道など写真にとってのせる。学校も、親も満足だ。こうして部数をふやし、信頼を得ていった。「夕刊3面」の見出しは「小さな町の大きな新聞」であった。北沢さんは亡くなったが、あとを息子の正さんが継ぎ、地域紙の灯は消えていない。叶さんも、北沢さんも地域を改革しようとか、行政を刷新しようとか大それたことを考えたのではない。地域に根をおろして、地域の正しい情報を伝えようと意図しただけだ。大きな新聞社にいたころ燃やし続けた記者魂を、細部まで目の届く手づくりの紙面にぶっつけたいと思った。北沢さんは宗教団体が山の上に平和塔を建てるのを「自然がこわされる」と反対キャンペーンを張り、成功させたといっていたが、意見をおしつけることはしない。むしろ情報に忠実に、地域の意向に忠実に紙面づくりを心がけていた。

いま、地域紙の方向は徹底した地域密着だが、深刻な対立が生じたとき、傍観者でいるのは難しい。解決に動かざるを得ない。それが住民として自然であり、地域紙の役割と受けとめる。今回とり上げた新聞のなかで、「いわき民報」の例のように、仮設住宅の人たちと昔から住んでいる市民との感情的な対立が起きた場合、ニュースとして報じるだけで完結とはいかない。「両方とも市民ですから、互いにわかりあえるように（話し合いの）場をつくる必要がある」と社長は語っていたが、地域紙は報道以上の役割を担っているということか。地域紙が記事をきっかけとして地域に成果をもたらしたのは丹波新聞の「兵庫県立柏原《かいばら》病院の小児科を守る会」である。平成十九年四月、柏原病院の小児科が崩壊の危機にひんした。三人いた医師が二人になり、一人が人事異動で院長に就任したためほぼ一人で一手に引き受けなければならない状況になった。一人で小児科を守れといわれても、休みはとれない、急患に対応できない、まして他の科との連携や研究もできない。閉鎖するしかない段階に追いこまれた。丹波新聞の足立智和記者が三人の母親に呼びかけ、母親たちが知り合いに声を掛け、十一人の座談会になり、新聞に掲載された。座談会のはじめは病院や医師を批判するような調子だったが、ある母親が余りにも過酷な医師の勤務状況を話すに及んで空気は一変したという。患者の側にも問題があるのではないか、自分の都合で受診に出かけ、対応が悪いと怒っているのではないか、「医師の立場を理解する努力を」と母親たちは会をつくり、三つの約束をつくった。「一、コンビニ受診を控えよう　二、かかりつけ医を持とう　三、お医者さんに感謝の気持ちを伝えよう」

平成二十年、筆者は町田市民病院の事業管理者への就任依頼を受け、町田市に単身、居を移して平日は病院に詰め、準備をはじめていた。町田でも小児科の医師不足は深刻で、小児救急を受け入れることができず、市議会でも「早急に整備せよ」と追及されていた。管理者に就任すると真っ先に取り組む課題だったから、柏原のケースをきくとすぐに現地へ飛んだ。小児科医や会のお母さんたちに会った。院内に「お医者さんに感謝しよう」と紙が張ってあるのは珍しかった。ちょうどその夜、地域医療を考える会があって「住民が集まるから、出席したら」と誘われて、夜十一時ごろまで、医師や患者や行政の代表たちと話しこんだ。柏原に一日滞在して感じたのは、医療を提供する側、受ける側のコミュニケーション不足だった。互いに思いやる発想がない。とくに患者側が実態に気づいていなかったから、お母さんたちの行動は新鮮だった。

このときは病院管理者として訪問したから丹波新聞には寄らずに帰ったが、のち厚生大臣だった舛添《ますぞえ》要一さんが視察したり、テレビでとり上げたりして全国的なニュースになった。会はいまも会員二十六人で続いており、小児科は五人（うち一人は非常勤）にふえている。地域紙が住民と響き合って、問題を解決した点で、丹波新聞のキャンペーンとその成果は画期的だと思う。

シェアが高く、長い歴史を持つ新聞を育てた地域に共通項はあるだろうか。一つは県庁所在地との距離感である。物理的にも、心理的にも「遠い」という感覚がある。いまでは交通網が整備されて時間短縮されたが、片道二～三時間かかって、県庁に出るのは一日仕事だったという話をよくきいた。その上に県庁を他の藩に持っていかれたという事情も加わって、感情は複雑に乱れる。本の中でも典型的な例をいくつか紹介しているが、江戸二百六十五年の長きにわたって別の藩同士で生活し、明治になっていっしょになったものの、かんじんの県庁がライバルの藩に持っていかれたとあっては……「なにするものぞ」の気概が新聞に結実したケースは物語として面白かった。

地域がまとまっており、共同体の意識が濃いのも一つの条件だ。長野、北海道、京都のように活字文化への関心が根強いのも共通項かもしれない。逆に地域紙が存在することによって地域はどう変わるだろうか。一つは地方行政、議会などの透明度が高くなることである。全国紙やブロック紙、県紙でも地域版を大きくとって地域の動きを細かくのせようとしている。域内の亡くなった人を無名、有名を問わず全部のせるという試みは多くの地方版で行われている。しかし、例えば市議会や町議会の個々の議員と当事者とのやりとりを逐一のせているだろうか。地域紙は刻明に追いかけているし、首長の動静を日々押さえている。日常的に新聞を通して住民は行政の動きを把握し、行政は住民の目を強く意識する。この緊張感が行政のレベルを上げる。地域紙のある町と、ない町と、行政の比較ができるとよいが、そのデータの持ち合わせはない。ただ数多くの自治体を訪ねた感想をいえば、「新聞のある町」のイメージは外に開かれて透明感が高いといえる。共同体としての結びつきも強く、文化度が高いと感ずるのも、筆者の偏見ではないと思う。

三・一一東日本大震災で東北の地域紙は大きな被害を受けながら、正確な情報の提供に必死の努力を払った。「石巻日日新聞」が制作不能に陥りながらカベ新聞を配り続けた奮闘物語はとくに多くとり上げられたし、震災後も役場が壊滅状態になった岩手県大槌町では高田由貴子さんが平成二十四年六月「大槌新聞」(週に一回)を創刊した。高田さんは「日本記者クラブ機関誌」に「半年の歩み」を振り返り、「次の災害に備えても、地域メディアの確立が必要だ」と書いている。

フリーペーパーを二紙とり上げた。無料で配布し、費用は広告でまかなう。全戸配布するのと、スーパー、駅などにおくのと両方のやり方があるが、三重県名張市の「ＹＯＵ」などは地域紙のビジネスモデルともいわれている。紙面は地域の情報で埋める。情報への信頼性が高い無料紙だから、地域紙のジャンルに含め、今後普及するかどうかを注目したい。もう一つ、新しい動きとして協働紙面がある。畑中哲雄著「地域ジャーナリズム」（勁草書房）では「上越タイムス」をとり上げ、詳細に取材を進めて、ＮＰＯ法人に週一回、紙面を提供し、協働の実をあげていると評価する。同紙は県市とも同じような関係を結んでいるが、部数がふえたという。「デーリー東北」では市民記者の活用をはじめており、コラボレーションをどう組み立てるかはテーマかもしれない。

筆者は地域紙の未来を信じる。大きなメディアに比べても、ネットに比べても独自の情報を扱っているからだ。全国的にみて地域紙が及んでいない地域は圧倒的に多い。活字離れの時代、退潮の流れはとどまらない中で、白い地図に色を落としていく作業は広大な範囲で残っているのだ。「亀岡市民新聞」は「京都丹波新聞」と改題、平成二十七年五月からエリアを広げ、南丹市、京丹波町に進出した。未踏の地に拡大する試みを壮としたい。高崎忍社長は進出の意向を「里山の自然と人情の残る地域、よき日本の農村の姿を守り、大都会の人を呼びこみたい」と話す。亀岡は通勤族がふえ、近所の結びつきが希薄になりつつあるが、丹波の中核のような場所で田園回帰の流れをつくりたいと夢見る。

地方創生がいわれている。地域紙よ、おこれ。戦後第三の開花期が近づいていると信じたい。拙著が応援歌になれば、これ以上の喜びはない。

平成二十七年三月　　四方　洋

あとがき

全国の地域紙をまわった最初は昭和六十三年から平成四年まで、宮野澄さんが編集長をしていた月刊『公論』で四十八回連載しました。今回の二十五紙は平成二十五年一月号から同二十七年一月号まで、月刊『リベラルタイム』に掲載したものです。人物の肩書き、時間的な表現を含め掲載時のままにしました。今回も、筆者のわがままをきいていただき、思う存分の取材をし自由に書かせてもらいました。お訪ねした地域紙のみなさん、そしてリベラルタイム社長・渡辺美喜男さん、担当してくれた編集部の工藤香里さん、単行本に取り組んだ清水弘文堂書房の礒貝日月さんにはひと方ならぬお手数をかけ、お世話になりました。心からお礼を申し上げます。

新聞名	会社名	郵便番号	住所	TEL	FAX	発行頻度	発行部数
北海道							
あさひかわ新聞	㈱北のまち新聞社	070-0038	旭川市8条通6-2480	0166-27-1577	0166-27-1617	週刊	
網走タイムズ	㈱網走タイムズ社	093-0035	網走市駒場南1丁目1-6	0152-45-8080	0152-45-1511	朝刊	2,000
遠軽新聞	㈱遠軽新聞社	099-0428	紋別郡遠軽町西町1	01584-2-1211	01584-2-1212	朝刊	2,500
釧路新聞	㈱釧路新聞社	085-8650	釧路市黒金町7-3	0154-22-1111	0154-22-0050	朝刊	57,000
道北日報	㈱道北日報社	095-0019	士別市大通東11丁目	0165-23-3108	0123-23-3109	朝刊	7,500
十勝毎日新聞	㈱十勝毎日新聞社	089-8688	帯広市東1条南8-2	0155-22-2121	0155-25-2700	夕刊	90,254
苫小牧民報	㈱苫小牧民報社	053-8611	苫小牧市若草町3丁目1番8号	0144-32-5311	0144-32-6386	夕刊	60,000
千歳民報	㈱苫小牧民報社	066-0073	千歳市北斗2丁目10番15号	0123-23-4211	0123-23-2600		
名寄新聞	㈱名寄新聞社	096-0010	名寄市大通り南2	01654-2-1717	01654-3-2181	朝刊	12,600
日刊宗谷	㈱宗谷新聞社	097-0023	稚内市開運2-1-8	0162-23-5010	0162-23-5012	日刊	17,800
日刊留萌新聞	㈱留萌新聞社	077-0007	留萌市栄町2-8-23	0164-42-5555	0164-43-5550	夕刊	
根室新聞	㈱根室新聞社	087-0028	根室市大正町3-3	0153-24-4171	0153-24-4172	日刊	5,500
函館新聞	㈱函館新聞社	041-8540	函館市港町1丁目17番8号	0138-43-2121	0138-43-3131	朝刊	22,500
日高報知新聞	㈱日高報知新聞社	057-0034	浦河郡浦河町堺町西1丁目3-20	0146-22-2411	0146-22-2538	朝刊	5,800
美幌新聞	㈱美幌新聞社	092-0011	網走郡美幌町東町1丁目104-6	0152-73-3646	0152-73-3631	週3回	3,000
プレス空知	㈱空知新聞社	073-0023	滝川市緑町1-3-27	0125-22-1333	0125-22-2206		
北都新聞	㈱北都新聞社	098-0502	名寄市風連町146-1	01655-3-3111	01655-3-4031	朝刊	6,450
北海民友新聞	㈱北海民友新聞社	094-0013	紋別市南が丘2丁目15番6号	0158-24-3278	0158-23-2552	朝刊	5,800
室蘭民報	㈱室蘭民報社	051-8500	室蘭市本町1-3-16	0143-22-5121	0143-24-1337	日刊	
稚内プレス	㈱稚内プレス社	097-0022	稚内市中央4-13	0162-22-1133	0162-22-1139		
青森							
津軽新報	㈱津軽新報社	036-0367	黒石市前町48	0172-52-3191	0172-52-6555	日刊	15,000
十和田文化新聞	㈱十和田文化新聞社	034-0022	十和田市東二十四番町28-5	0176-23-0249	0176-23-0292		
陸奥新報	㈱陸奥新報社	036-8356	弘前市大字下白銀町2-1	0172-34-3111	0172-32-7737	朝刊	51,500
岩手							
岩手日日	㈱岩手日日新聞社	021-8686	一関市南新町60	0191-26-5114	0191-26-5116	朝刊	55,600
胆江日日新聞	㈱胆江日日新聞社	023-0042	奥州市水沢区柳町8番地	0197-24-2244	0197-24-1281	朝刊	22,000
東海新報	㈱東海新報社	022-0002	大船渡市大船渡町字和鷹頭9-1	0192-27-1000	0192-27-2154	朝刊	14,000
盛岡タイムス	盛岡タイムス社	026-0015	盛岡市本町通3丁目9番33号	019-653-3111	019-622-5119	朝刊	11,000
復興釜石新聞		026-0044	釜石市住吉町3-3	0193-55-4713	0193-55-4715	週2回	
宮城							
石巻日日新聞	㈱石巻日日新聞社	986-0874	石巻市双葉町8番17号	0225-95-5231	0225-94-4720	夕刊	18,000
大崎タイムス	㈱大崎タイムス社	989-6162	大崎市古川駅前大通5-3-23	0229-22-2181	0229-21-2195	夕刊	16,800
三陸新報	㈱三陸新報社	988-0141	気仙沼市松崎柳沢228-100	0226-22-6700	0226-23-6100	朝刊	20,000
秋田							
秋田北報	㈱秋田北報社	018-5701	大館市比内町扇田下扇田35-1	0186-55-0214	0186-55-2296	月6回	
秋田民報	㈲秋田民報社	014-0061	大仙市大曲栄町10-22	0187-63-2122	0187-63-7515		
大館新報	㈱大館新報社	017-0814	大館市赤館町1-7	0186-43-3155	0186-49-1559		
国民政報	㈲国民政報社	012-0034	湯沢市西新町10-21	0183-73-3742	0183-72-1838	旬刊	1,200
週刊アキタ	㈱週刊秋田社	010-0904	秋田市保戸野原の町11-41	018-864-7891	018-864-7894		
秋北新聞	㈱秋北新聞社	018-3323	北秋田市米代町1-48	0186-62-1236	0186-63-2387	日刊	5,500
北鹿新聞	㈱北鹿新聞社	017-0895	大館市字長倉79番地	0186-49-1255	0186-43-3065	日刊	28,200
山形							
コミュニティ新聞	㈱コミュニティ新聞社	998-0045	酒田市二番町9-14	0234-24-8081	0234-24-8082		
週刊置賜	㈲置賜タイムス	992-0473	南陽市池黒1520-41	0238-45-3311	0238-45-3312	週刊	15,500
荘内日報	㈱荘内日報社	997-0035	鶴岡市馬場町8-29	0235-22-1480	0235-22-2633	夕刊	18,700
米澤新聞	㈱米澤新聞社	992-0039	米沢市門東町3丁目3番7号	0238-22-4411	0238-24-5554	朝刊	13,700
福島							
あぶくま時報	㈲阿武隈時報社	962-0848	須賀川市弘法坦15-1	0248-73-2483	0248-73-3616	夕刊	9,500
福島中央新報	㈲福島中央新報社	964-8691	二本松市亀谷1-241	0243-22-1315	0243-22-1316	朝刊	10,000
マメタイムス	㈲マメタイムス社	962-0831	須賀川市八幡町125	0248-75-2062	0248-76-5303	夕刊	8,000
夕刊いわき民報	㈱いわき民報社	970-8026	いわき市平字田町63-7	0246-23-1666	0246-23-8275	夕刊	10,945
夕刊たなぐら新聞	夕刊たなぐら新聞社	963-6131	東白川郡棚倉町棚倉清戸作2-17	0247-33-3068	0247-33-4022		
東京							
小笠原新聞	小笠原新聞社	100-2101	小笠原村父島字扇浦	04998-2-3411	04998-2-3412	夕刊	
小金井新聞	㈱小金井新聞社	184-0004	小金井市本町5丁目13-1-306	042-384-7222			
世田谷新聞	㈱世田谷新聞社	154-0017	世田谷区世田谷4-14-34	03-3419-5555	03-3419-3311	週刊	10,000
東京七島新聞	㈲東京七島新聞社	105-0022	港区海岸1丁目4-7	03-3459-8988			
南海タイムス	㈲南海タイムス社	100-1401	八丈島八丈町大賀郷2522-1	04996-2-3456	04996-2-0293	週刊	2,600
西多摩新聞	㈱西多摩新聞社	197-0022	福生市本町33	042-552-3737	042-552-3778	週刊	20,000
練馬新聞	㈱練馬新聞社	176-0012	練馬区豊玉北5丁目16-12-503	03-3993-5171		週刊	
武相新聞	㈲町田タイムズ社	194-0004	町田市鶴間602-3	042-799-1100	042-799-1104	週刊	120,000
台東区民新聞	㈲台東区民新聞社	111-0041	台東区元浅草4-3-8	03-3841-9721	03-3841-9722	隔週刊	
多摩東京日報	㈲東京日報社	196-0034	昭島市玉川町1-1-15-302	042-500-0322	042-500-0323	旬刊	

新聞名	会社名	郵便番号	住所	TEL	FAX	発行頻度	発行部数
神奈川							
あおばタイムズ	にんげん工房・あおばタイムズ	225-0021	横浜市青葉区すすき野3丁目2-1	045-901-1560	045-903-9026	月2回	60,000
小田原新聞	府川商事(有)	250-0013	小田原市南町3-6-13	0465-23-1888	0465-23-3069	月刊	4,800
神静民報	(株)神静民報社	250-0055	小田原市久野4502	0465-35-1888	0465-30-1888	朝刊	8,600
多摩川新聞	(株)多摩川新聞社	213-0012	川崎市高津区坂戸1-6-23-103	044-833-6666	044-833-7555	旬刊	10,000
埼玉							
はとがや市民新聞	はとがや市民新聞社	334-0004	川口市辻66-1-101	048-282-6681	048-282-6680		
千葉							
房日新聞	(有)房州日日新聞社	294-8641	館山市北条2199-4	0470-25-5552	0470-25-5561	日刊	30,000
稲毛新聞	(有)稲毛新聞社	263-0043	千葉市稲毛区小仲台2-5-2-1001	043-256-4414	043-256-4494	月刊	135,000
茨城							
利根新報	三光印刷(有) 出版部	300-1622	北相馬郡利根町布川2597	0297-68-4567	0297-68-6645	月3回	38,000
常陽新聞	常陽新聞(株)	305-0031	つくば市吾妻3-10-13 つくば文化ビル1F	029-869-9800	029-869-9836	朝刊	
栃木							
真岡新聞	(株)真岡新聞	321-4305	真岡市荒町3-45-2	0285-84-2222	0285-84-7020		
両毛新聞	(株)両毛新聞社	326-0805	足利市巴町2543	0284-21-1366	0284-21-6065	夕刊	10,000
下野タイムス	下野タイムス社	322-0532	鹿沼市藤江町1449	0289-75-3287	0289-75-1015		
群馬							
桐生タイムス	(株)桐生タイムス社	376-8528	桐生市東4-5-21	0277-46-2511	0277-46-2540	夕刊	15,300
高崎市民新聞	(株)高崎市民新聞社	370-0849	高崎市八島町70-51-302	027-324-4388	027-324-4337	週刊	5,000
山梨							
山梨新報	(株)山梨新報社	400-0864	甲府市湯田2-9-8	055-237-8121	055-237-8142		67,330
新潟							
越後タイムス	越後タイムス社	945-0051	柏崎市東本町2-5-3	0257-23-6396	0257-23-6395		
越南タイムズ	合資会社越南プリンティング	946-0002	魚沼市小出稲荷町2	025-792-0306	025-792-0534	週刊	3,000
小千谷新聞	小千谷新聞社	947-0028	小千谷市城内2-6-5 シティビル3F	0258-82-2378	0258-82-2818		
柏新時報	(株)柏新時報社	945-0066	柏崎市西本町1-8-17	0257-22-2232	0257-24-3613	週刊	6,500
柏崎日報	(株)柏崎日報社	945-0066	柏崎市西本町1-6-1	0257-22-3121	0257-22-7150	夕刊	6,000
小出郷新聞	小出郷新聞社	946-0041	魚沼市本町1-12	02579-2-0101	02579-2-4860	週刊	3,000
三條新聞	(株)三條新聞社	955-0081	三條市東裏館2-21-38	0256-32-5511	0256-32-5226	日刊	42,000
上越タイムス	(株)上越タイムス社	943-0823	上越市高土町2丁目4番6号	025-525-6666	025-525-0061	朝刊	20,000
糸西タイムス	(株)上越タイムス社						
津南新聞	(有)津南新聞社	949-8201	中魚沼郡津南町陣場下2461-2	0257-65-2215	0257-65-5106	週刊	5,000
十日町新聞	(株)十日町新聞社	948-0041	十日町市北新田第3	025-752-3118		5日隔	
東頚新聞	(有)東頚印刷東頚新聞社	924-1415	十日町市松之山観音寺225-7	025-596-2156	025-596-2156	月2回	3,000
栃尾タイムス	栃尾タイムス社	940-0225	長岡市仲子町1-6	0258-52-2334	0258-53-5161	旬刊	3,200
長岡新聞	(株)長岡新聞社	940-0071	長岡市表町2-3-1	0258-32-1933	0258-32-1934	週3回	11,000
みつけ新聞	(株)見附新聞社	954-0057	見附市新町3-6-14	0258-62-0558	0258-62-0160	週刊	5,000
村上新聞	(株)村上新聞社	958-0842	村上市大町2-11	0254-53-1409	0254-53-6088		
長野							
大糸タイムス	大糸タイムス株式会社	398-0002	大町市俵町1851	0261-22-2110	0261-22-2111	朝刊	12,000
岡谷市民新聞	(株)岡谷市民新聞社	394-0028	岡谷市本町3-8-30	0266-22-8000	0266-21-1515	朝刊	46,000
茅野市民新聞	(株)岡谷市民新聞社	391-0003	茅野市本町西1-6	0266-72-5222	0266-73-0222		
下諏訪市民新聞	(株)岡谷市民新聞社	393-0051	下諏訪町大社通り	0266-27-4444	0266-27-9115		
諏訪市民新聞	(株)岡谷市民新聞社	392-0016	諏訪市豊田文出	0266-52-3400	0266-57-0117		
たつの新聞	(株)岡谷市民新聞社	399-0422	辰野町平出上町2369	0266-41-0313	0266-41-0812		
南みのわ新聞	(株)岡谷市民新聞社	399-4601	箕輪町松島8752-1	0265-79-8484	0265-79-8485		
みのわ新聞	(株)岡谷市民新聞社	399-4601	箕輪町松島8752-1	0265-79-8484	0265-79-8485		
軽井沢新聞	(株)アドエイド	389-0111	軽井沢町長倉2380-27	0267-46-3001	0267-46-3880	月刊	30,000
北信濃新聞	北信濃新聞社	389-2254	飯山市南町24-1	0269-62-2759	0269-62-4564	週刊	
小諸新聞	(株)小諸新聞社	384-0808	小諸市御影新田2666-6	0267-23-7007	0267-23-5665	週刊	5,500
佐久市民新聞	(株)小諸新聞社					週刊	4,500
市民タイムス	(株)市民タイムス	390-8539	松本市島立800	0263-47-7777	0263-48-2422	朝刊	69,450
週刊上田	(株)週刊上田新聞社	386-0012	上田市中央6丁目3-41	0268-22-6200	0268-22-6201	週刊	
週刊長野	(株)週刊長野新聞社	381-0036	長野市大字平林1-37-27	026-244-5946	026-243-9285	週刊	115,000
信州民報	(有)信州民報新聞社	386-0041	上田市秋和問屋町505	0268-22-7355	0268-22-6866	日刊	5,000
須坂新聞	須坂新聞株式会社	382-0097	須坂市須坂南横町1591-8	026-245-5320	026-246-9876	週刊	15,000
長野市民新聞	長野市民新聞社	380-0943	長野市安茂里差出1029-1	026-223-5511	026-223-5500		
長野日報	(株)長野日報社	392-8611	諏訪市高島3丁目1323-1	0266-52-2000	0266-58-8895	朝刊	72,500
北信タイムス	(株)北信タイムス	383-0022	中野市中央3-2-8	0269-22-2369	0269-22-5584	週刊	
北信ローカル	(株)北信エルシーネット	383-0025	中野市三好町1-3-6	0269-22-4101	0269-26-5211	週刊	12,000
南信州	(株)南信州新聞社	395-0152	飯田市育良町2-2-5	0265-22-3734	0265-24-0537	朝刊	25,500

新聞名	会社名	郵便番号	住所	TEL	FAX	発行頻度	発行部数
富山							
富山県市町村新聞	富山県市町村新聞社	930-0094	富山市安住町7-14	076-431-1931	076-431-1934	週刊	2,000
愛知							
一宮タイムス	㈱一宮タイムス社	491-0044	一宮市大宮3丁目8-10	0586-72-4708	0586-72-6548	日刊	6,000
東海愛知新聞	㈱東海愛知新聞社	444-0852	岡崎市南明大寺町12-8	0564-51-1015	0564-51-1018		
東日新聞	㈱東海日日新聞社	440-0874	豊橋市東松山町90	0532-53-2800	0532-53-7222	朝刊	8,600
東愛知新聞	㈱東愛知新聞社	441-8666	豊橋市新栄町鳥綴62	0532-32-3111	0532-32-3737	朝刊	48,200
三河新報	三河新報社	445-0852	西尾市花ノ木町2-15	0563-56-3036	0563-57-0003	日刊	
岐阜							
高山市民時報	㈱高山市民時報社	506-0004	高山市桐生町3-122-1	0577-32-0001	0577-32-1011	週3回	16,000
東海民報	東海民報社	502-0882	岐阜市正木中4-10-30-201	058-232-6662	058-232-6662	旬刊	10,000
東濃新報	㈱東濃新報社	507-0037	多治見市音羽町4-11-1	0572-22-4306	0572-25-0909	週刊	20,000
三野新聞	㈲三野新聞社	508-0041	中津川市本町4-4-6	0573-65-2715	0573-65-2715	週刊	6,000
中濃新聞	㈱中濃新聞社	501-3964	関市宝山39-11	0575-22-0180	0575-22-0181		
静岡							
伊豆新聞	㈱伊豆新聞本社	414-0054	伊東市鎌田1290-6	0557-36-1234	0557-36-3969	日刊	33,000
熱海新聞	㈱伊豆新聞本社	414-0054	伊東市鎌田1290-6			日刊	3,600
伊豆日日新聞	㈱伊豆新聞本社	414-0054	伊東市鎌田1290-6			日刊	9,500
岳陽新聞	㈱岳陽新聞社	418-0002	富士宮市中原町7	0544-24-9050	0544-24-9007	朝刊	10,000
郷土新聞	㈱郷土新聞社	436-0056	掛川市中央2-8-5	0537-24-0551	0537-22-0155	週刊	4,000
日刊伊豆毎日	㈱伊豆毎日新聞社	413-0021	熱海市清水町17-21	0557-81-2996	0557-82-7248	週刊	8,000
日刊静岡	㈱日刊静岡	412-0045	御殿場市川島田1440	0550-89-8930	0550-89-8932	日刊	28,900
沼津朝日	㈱沼津朝日新聞社	410-0888	沼津市末広町34	055-962-4840	055-962-4590	朝刊併読	23,000
富士ニュース	㈲富士ニュース社	417-0001	富士市今泉1-15-14	0545-52-0551	0545-51-0507	日刊	25,000
三重							
伊和新聞	㈱伊和新聞社	518-0710	名張市上八町1482	0595-63-2355	0595-63-0048	週刊	
紀勢新聞	㈲紀勢新聞社	519-3639	尾鷲市中川1-22	0597-23-3344	0597-22-1471	日刊	8,000
南海日日	㈲南海日日新聞社	519-3617	尾鷲市野地町6-5	0597-22-4498	0597-22-4491	夕刊	7,500
南紀新報	㈲南紀新報社	519-4323	熊野市木本町696	0597-85-2510	0597-89-1965	夕刊	9,600
三重タイムズ	㈱三重タイムズ社	514-0033	津市丸之内18-15	059-223-1220	059-223-1210	週刊	75,000
夕刊三重	㈱夕刊三重新聞社	515-0821	松阪市外五曲町15	0598-21-6113	0598-21-8500	夕刊	21,600
吉野熊野新聞	吉野熊野新聞有限会社	519-4323	熊野市木本町635	0597-89-4611	0597-89-5526	日刊	8,500
大阪							
堺ジャーナル	㈱堺ジャーナル	590-0948	堺市戎之町西1丁1-30 加藤均総合ビル2F	072-221-0001		月刊	
泉州日日新聞	㈱泉州日日新聞社	590-0078	堺市堺区南瓦町1-19-304	072-221-5555	072-221-5556	週刊	20,000
千里タイムズ	㈱千里タイムズ	565-0847	吹田市千里山月が丘7-5	06-6831-8824	06-6831-8993	月2回	
兵庫							
淡路新聞	淡路新聞社	656-2163	淡路市中田2948-2	0799-62-2027			
丹波新聞	㈱丹波新聞社	669-3309	丹波市柏原町柏原201	0795-72-0530	0795-72-1956	週2回	12,800
西脇時報	㈲西脇時報社	677-0015	西脇市西脇90-1	0795-22-2946			
播磨時報	㈲播磨時報社	670-0955	姫路市安田4丁目33-9	0792-81-0545			
六甲タイムス	㈱六甲タイムス社	669-1546	兵庫県三田市弥生が丘1丁目1-1	079-562-2353	079-563-2353		
京都							
あやべ市民新聞	㈱あやべ市民新聞社	623-0046	綾部市大島町沓田4-3	0773-42-1125	0773-42-1049	週3回	8,050
亀岡市民新聞	㈱亀岡市民新聞社	621-0804	亀岡市追分町馬場通19-2-2F-K	0771-24-2338	0771-25-3502	週刊	4,800
城南新報	㈱城南新報	611-0021	宇治市宇治里尻81-3	0774-24-1221	0774-22-5754	朝刊	15,800
舞鶴市民新聞	㈱舞鶴市民新聞社	624-0905	舞鶴市福来912-1	0773-78-2055	0773-77-1750	週2回	8,000
洛南タイムス	㈱洛南タイムス社	611-0021	宇治市宇治1-26	0774-22-4109	0774-20-1417	朝刊	26,000
両丹日日新聞	㈱両丹日日新聞社	620-0055	福知山市篠尾新町1-99	0773-22-2688	0773-22-3232	夕刊	19,300
滋賀							
近江同盟新聞	㈲近江同盟新聞社	522-0062	彦根市立花町2-63	0749-23-0066	0749-23-0067	日刊	3,800
滋賀夕刊新聞	滋賀夕刊新聞社	526-0031	長浜市八幡東245-5	0749-62-2219	0749-62-4483	日刊	30,000
滋賀彦根新聞	滋賀夕刊新聞社	526-0031	長浜市八幡東245-5	0749-62-2219	0749-62-4483	週2回	10,000
滋賀報知新聞	㈱滋賀報知新聞社	527-0015	東近江市中野町1005	0748-23-1111	0748-23-1115	朝刊	60,000
日刊近江毎夕新聞	日刊近江毎夕新聞社	526-0059	長浜市元浜町9-6	0749-62-0302	0749-65-2818	日刊	4,500

※220 ～ 223 ページのリストは、日本地域新聞図書館『日本地域新聞ガイド 2014-2015 年版』の「日本の地域新聞」をもとに作成しました。

新聞名	会社名	郵便番号	住所	TEL	FAX	発行頻度	発行部数
奈良							
奈良日日新聞	㈱奈良日日新聞社	630-8001	奈良市法華寺町2-4	0742-32-2000	0742-32-1919	週刊	50,119
和歌山							
紀伊民報	㈱紀伊民報	646-8660	田辺市秋津町100	0739-26-7171	0739-26-0077	夕刊	36,415
紀州新聞	紀州新聞社	644-0003	御坊市島172	0738-22-2536	0738-22-3050	日刊	13,500
紀南新聞	㈱紀南新聞社	647-0043	新宮市緑ヶ丘2-1-33	0735-22-2803	0735-23-1873	夕刊	12,000
日高新報	㈱日高新報社	644-0043	御坊市湯川町財部604	0738-24-0077	0738-23-2112	夕刊	15,000
熊野新聞	㈱熊野新聞社	647-0081	新宮市新宮3563-4	0735-22-8080	0735-23-2246	夕刊	12,600
ヤタガラス	㈱熊野新聞社	647-0081	新宮市新宮3563-4				
わかやま新報	㈱和歌山新報社	640-8043	和歌山市福町49　和歌山中橋ビル4F	073-433-6111	0735-23-5440	夕刊	20,600
島根							
島根日日新聞	㈱島根日日新聞社	693-0064	出雲市里方町545	0853-23-6760	0853-24-3530	朝刊	31,075
しまにちタイムス	㈱島根日日新聞社	693-0064	出雲市里方町545				
岡山							
津山朝日新聞	㈱津山朝日新聞社	708-0052	津山市田町13	0868-22-3135	0868-24-3184	夕刊	21,000
備北新聞	備北新聞社本社	718-0013	新見市正田205	0867-72-0580	0867-72-0580		
備北民報	備北民報㈱	718-0003	新見市高尾2485-8	0867-72-0678	0867-72-0635	週6日	
広島							
藝陽日日新聞	㈲藝陽日日新聞	723-0016	三原市宮沖1丁目3-6	0848-63-2151	0848-63-1779	週刊	4,000
山陽日日新聞	㈱山陽日日新聞社	722-0045	尾道市久保2-6-21	0848-37-2615	0848-37-0505	日刊	
大陽新聞	㈱大陽新聞社	721-0957	福山市箕島町5816-63	0849-81-2410	0849-81-2409	朝刊	5,000
西広島タイムス	㈱エル・コ	733-0833	広島市西区商工センター7丁目5-17	082-277-1145	082-277-7270	週刊	129,965
山口							
宇部日報	㈱宇部日報社	755-8543	宇部市寿町2-3-17	0836-31-4343	0836-31-1647	夕刊	25,500
西京新聞	合資会社西京新聞社	753-0074	山口市中央5-15-11	083-932-2818			
日刊いわくに	日刊いわくに	740-0012	岩国市元町3-6-23	0827-30-1892	0827-30-1100	週5日	
日刊新周南	㈱新周南新聞社	745-0802	周南市栗屋二葉屋開作1035-18	0834-26-0303	0834-26-0155	夕刊	12,000
ほうふ日報	防府日報㈱	747-0041	防府市本橋7-26	0835-22-4402	0835-22-4098	週5日	3,500
山頭火新聞	防府日報㈱	747-0041	防府市本橋7-26			不定期	
柳井日日新聞	㈱柳井日日新聞社	742-0022	柳井市柳井津金屋436	0820-22-0758	0820-22-2775	夕刊	4,600
香川							
四国タイムズ	㈱四国タイムズ社	761-0104	高松市高松町952-1	087-843-8216	087-843-8217		
愛媛							
八幡浜新聞	八幡浜新聞社	796-0037	八幡浜市昭和通1196-6	0894-22-0447	0894-22-1032	夕刊	3,000
八幡浜民報	八幡浜民報社	796-0037	八幡浜市昭和通1510-93	0894-22-0330	0894-22-0330	日刊	3,000
福岡							
有明新報	㈱有明新報社	836-8512	大牟田市有明町1-1-17	0944-52-1212	0944-51-9332	朝刊	12,500
糸島新聞	㈱糸島新聞社	819-1119	前原市前原東1-8-17	092-322-2220	092-324-5115	週刊	13,000
久留米日日新聞	㈲久留米日日新聞社	830-0021	久留米市篠山町1-12-3-605	0942-33-2018	0942-33-2021	旬刊	3,000
日刊大牟田	日刊大牟田新聞社	836-0851	大牟田市笹林町二丁目4-12	0944-51-6000	0944-51-5998	週5日刊	12,000
佐賀							
夕刊佐賀	㈲夕刊新佐賀新聞社	840-0041	佐賀市城内2-2-51	0952-24-2441	0952-24-2441	月2回	7,200
長崎							
壱岐日々新聞	㈱壱岐日々新聞社	811-5114	壱岐市郷ノ浦町片原触898	0920-47-2200	0920-47-5455	週刊	3,200
島原新聞	㈱島原新聞社	855-0044	島原市中町865番地	0957-62-5141	0957-62-5142	朝刊	15,000
対馬新聞	合資会社対馬新聞社	817-0013	対馬市厳原町中村532-12	0920-52-0235	0920-52-7580	週刊	2,800
熊本							
天草毎日新聞	㈲天草毎日新聞社	863-0049	天草市北原町1-39	0969-23-2222	0969-23-2480	朝刊	3,000
日刊人吉新聞	㈱人吉新聞社	868-0072	人吉市西間下町112-3	0966-24-2111	0966-24-2113	日刊	15,000
大分							
今日新聞	今日新聞社	874-0933	別府市野口元町8番27号	0977-24-5171	0977-25-7317	日刊	15,000
宮崎							
みやざき中央新聞	㈲宮崎中央新聞社	880-0911	宮崎市田吉6207-3	0985-53-2600	0985-53-5800	週刊	1,500
夕刊デイリー	㈱夕刊デイリー新聞社	882-8577	延岡市大貫町2丁目1302番地	0982-34-5000	0982-34-5398	夕刊	42,620
鹿児島							
奄美新聞	㈱奄美新聞社	894-0026	奄美市名瀬港町16-11	0997-53-6333	0997-53-6332	朝刊	11,000
南海日日新聞	㈱南海日日新聞社	894-8601	奄美市名瀬長浜町10-3	0997-53-2121	0997-52-2354	日刊	22,220
南九州新聞	㈲南九州新聞社	893-0061	鹿屋市上谷町9-5-5	0994-42-3544	0994-42-3543	日刊	
沖縄							
宮古新報	宮古新報株式会社	906-0012	宮古島市平良字西里333-1	0980-73-1212	0980-73-1811	日刊	13,000
宮古毎日新聞	㈱宮古毎日新聞社	906-0012	宮古島市平良字西里403	0980-72-2343	0980-72-3733	朝刊	15,400
八重山日報	八重山日報社	907-0023	石垣市字石垣159	09808-2-2403	09808-2-8122	日刊	9,800
八重山毎日新聞	㈱八重山毎日新聞社	907-0004	石垣市字登野城614	0980-82-2121	0980-82-1150	朝刊	16,000

四方　洋（しかた・ひろし）
京都府綾部市出身。京大卒。毎日新聞社に入り、『サンデー毎日』編集長、学生新聞本部長などを歴任。平成元年退社し、海外広報の会社「IBC」専務、東邦大学薬学部（人間科学）教授、高速道路調査会参与、町田市民病院事業管理者を経て、現在はコラム執筆などのほか、『蕎麦春秋』編集長。記者にこだわり生涯現場に行って取材して書くと宣言している。著書に『土着権力』（講談社）、『離婚の構図』（毎日新聞社）、『いのちの開拓者』（共同通信）など。近く『宥座の器――グンゼ創業者波多野鶴吉の生涯』新版をあやべ市民新聞社から刊行する。

新聞のある町　地域ジャーナリズムの研究

発行　二〇一五年七月一五日
著者　四方　洋
発行者　礒貝日月
発行所　株式会社清水弘文堂書房
住所　東京都目黒区大橋一・三・七・二〇七
電話番号　〇三・三七七〇・一九二二
FAX　〇三・六六八〇・八四六四
Eメール　mail@shimizukobundo.com
WEB　http://www.shimizukobundo.com
印刷所　モリモト印刷株式会社

落丁・乱丁本はおとりかえいたします。
 ISBN 978-4-87950-618-4 C0000